片づけられない人のための

考えない片づけ

インテリアコーディネーター
川上ユキ

YUKI KAWAKAMI
words・illustration・method・
bookdesign

X-Knowledge

はじめに

収納には、「考えること」が不可欠です。

限られたスペースをどううまく使えばいいか、
どこ位置に置けば使いやすいか。
そうやって考えることを積み重ねて
自分の生活にあった収納ができていきます。

でも…これって、ある程度、収納に慣れた人、
ゴールが見えている人だから、できることです。

右も左もわからないときに「考える」のは、
「あれはどうなるんだろう」「これでうまくいくのかな」…
心配や不安、マイナス要素を掘り下げることばかりです。
新入社員だったとき、はじめて車を運転したとき、もそうでした。

収納や片づけが苦手だなと思う人は、
そこで手が止まっているのかもしれません。

この本では、そんな皆さんがあれこれ考えずとも、
イラストを見て「ここに行くのね！」と直感的にゴールを理解し、
簡単ながらもきちんと効果の出るメソッドをまとめました。

お伝えする片づけや収納は、
生活の基盤を実直に整えていく内容です。
知らぬ間にラクができるような簡単アイデアではありませんが
実際にひとつ、またひとつと動いてみると
「本当だ、暮らしがラクになるんだ」と感じてもらえるはずです。

頑張ってみようという前向きな気持ちに
結果がついてくれば、苦手意識はなくなります。
収納が整えば、毎日の片づけは
いつしか「考えない」でできるようになります。

悩める皆さんが、たくさん手を動かして下さること、
そこから自分の生活をもっと好きになってくれることを願っています。

何から始める？

わたしたち、
いちいち
考えたくないんです

また散らかる？、

だからこの本では…

1

何からしたらいいのか、段取りを「考えない」

項目はすべてQ&A方式です。自分と同じ悩みを見つけたら、そこからトライできます。イラストを見て「こんなふうになるんだな」と感じ取ったら、後は手順をまねるだけ。どこから始めるか、どんなふうに進めるか、面倒な段取りを考えません。

2

問題をどうクリアするか、解決方法を「考えない」

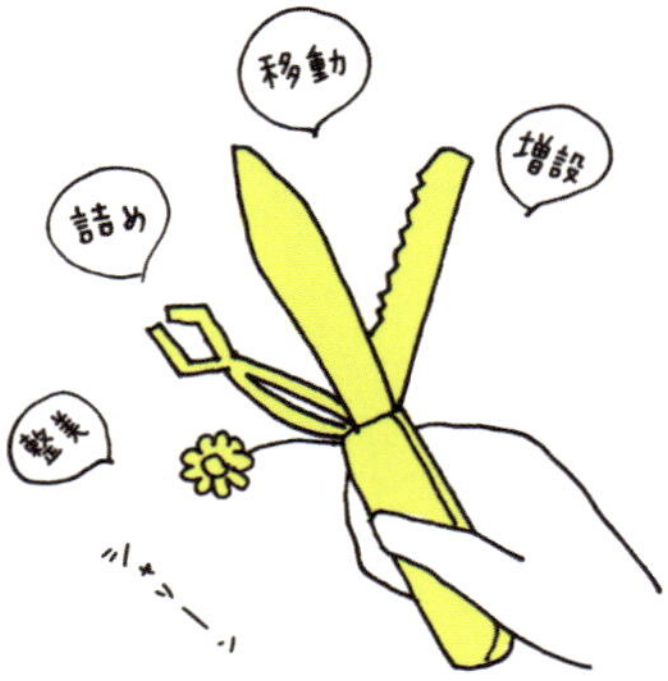

「リビングで使うモノを仕分けましょう」と言われると頭を使いますが、「家事のモノを集めて物入へ移動しましょう」なら、すぐできます。この本では「やること」を具体的にお伝えし、4つのワザのいずれかで解決していきます。

4つの片づけワザ

移動ワザ
正しい位置にもっていく

増設ワザ
新しくしまう場所を増やして解決

詰めワザ
スペースを有効利用する

整美ワザ
見た目を整え片づいた印象にする

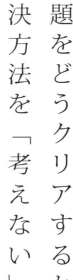

3

また散らかる…？と、リバウンドを「考えなくていい」

私が日々コツコツと考えてきた収納ノウハウや、ハウスメーカーでの収納研究、一般のお宅での収納改善などの経験から蓄積した知見は、部屋全体を見据えた内容です。だからすぐできる簡単な作業でも実は、散らかる原因を根本から直しています。「後でリバウンドしないかな」と、考える必要がありません。

contens

1章　リビング

2章　ダイニング

3章　キッチン

3章　キッチン

4章　クローゼット

5章　その他

本書のデータは2015年10月現在のものです。
また、商品情報や店舗情報は著者の入手時に基づきますので、
ご購入検討の際には事前に確認されることをおすすめします。

1 リビング Living

生活の中心であるリビングには、
大事な書類から玩具まで、モノがごちゃっと集まります。

考えない
リビング

●モノをごちゃ混ぜにしない　→移動ワザで同じ種類をまとめよう

●「つい出しっぱなし」をなくす　→増設ワザで定位置をつくろう

●入りきらないときは頑張りどころ　→詰めワザでしまいきろう

●インテリアを意識しよう　→整美ワザで日用品とうまく折り合いを

Q.

もぅ〜イヤだ！ごちゃごちゃしてすっきり暮らせない。

before

整理したカゴも、元に戻せていないモノも、すべて床に投げだした状態。

「移動ワザ」で解決します

1．部屋を見る

家具のラインを確認。

移動するのは、床に直置きしたモノ。

A. 大きく四角い床をつくって部屋をすっきり見せよう！

床も収納場所にしちゃってない？
そこから片づけよう

いろいろ散らかっているでしょうが、まずは床に置いたモノを家具ラインまでひっこめてみましょう。床が大きく四角くにあくと、部屋全体がすっきりします。

after

モノを移動して
四角く大きな床をつくる

家具のラインまでモノをひっこめるだけで、大きくて四角い床になります。

2. モノを移動

change!

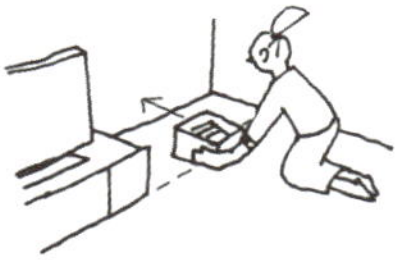

家具のラインまでモノをひっこめる。

さらにきれい

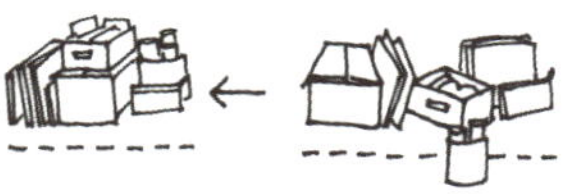

移動したモノを、小さくまとめて真っ直ぐ置けば、さらに片づいた印象に。

Q.

どれがNG？
リビングに置いて
いいモノ、悪いモノ。

ねー、意外と
使わないモノも
リビングに
置いてるでしょ？

before

薬
アルバムなど
通帳や重要書類
紙袋
取扱説明書
デジカメ
ゲーム類
アイロン
文房具
目薬、虫よけ
スプレー
本や雑誌
玩具
ガムテープ類
古いCD
イベントグッズ
使わない
コード類
パソコン
掃除用品
裁縫道具
雑品
祝儀袋・手紙

まず長期保管のモノを外へ。
それでもモノが減らない場合は、家事のモノを外へ。

「移動ワザ」で解決します

1. モノを仕分ける

「長期保管」と「家事系」を選び出す。

移動するのは、今使うモノと家族の
共有物以外。

A.

「長期保管系」と「家事」のモノはリビングの外へ。

モノが減れば、その分くつろぐスペースが増えます。リビングには最低限のモノだけ残して、他で収納してもいい「長期保管系」と「家事」のモノを移動します。

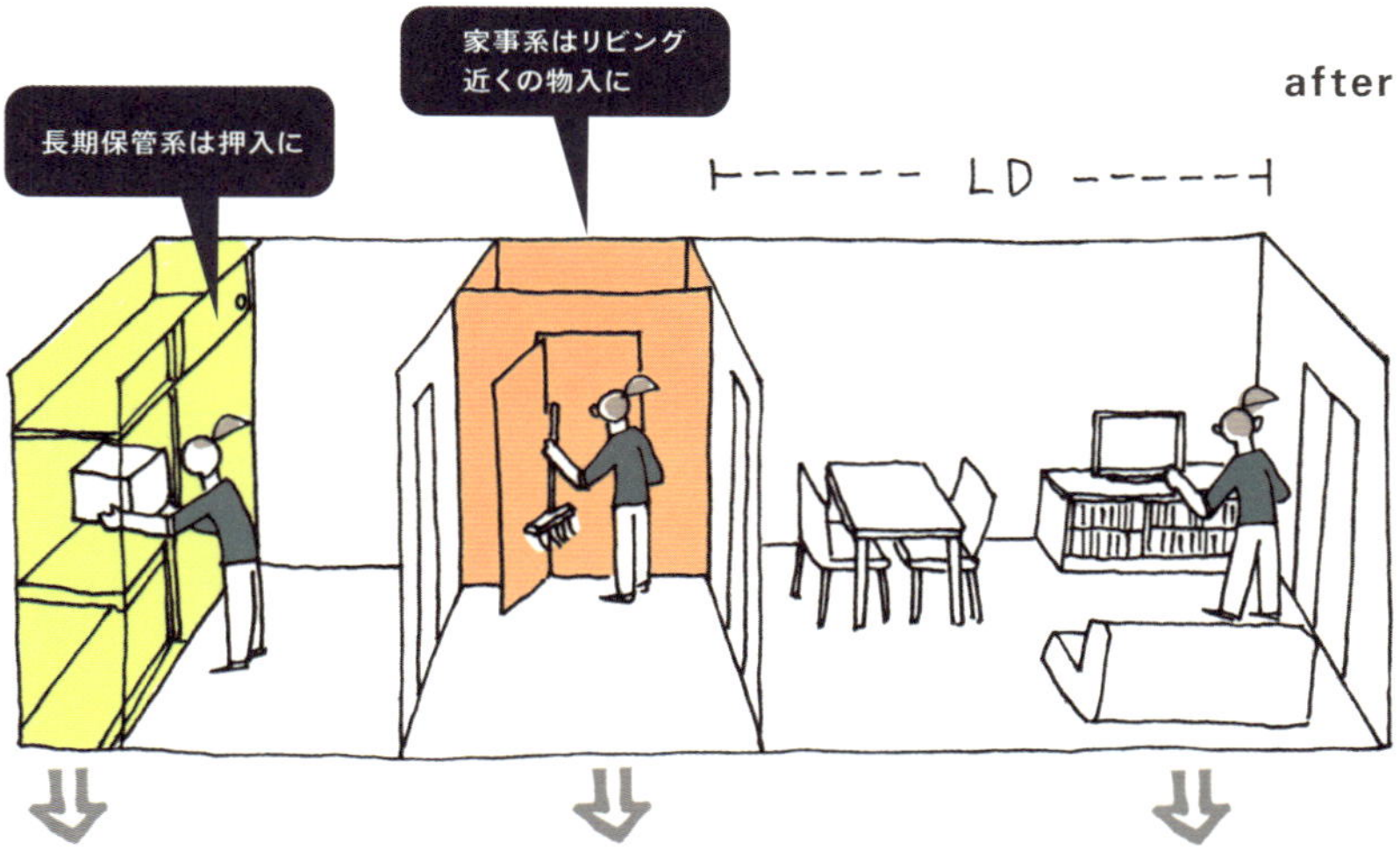

長期保管系は押入に
家事系はリビング近くの物入に
after
LD

保管のモノは出番が少ないので
リビングから遠くてもよい。

家事のモノは使うときだけ
リビングに持っていく。

リビングには家族が使うモノと
今、使う娯楽のモノだけを置く。

広い

change!

2.場所を探す

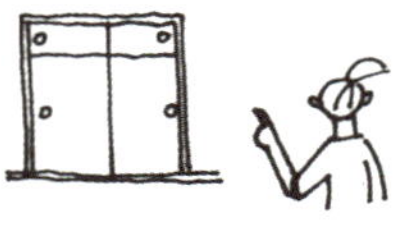

リビング以外でしまえる場所を探す。

3.モノを移動

「長期保管」と「家事系」を移動させる。

Q. モノの仕分け？聞いただけで気が遠くなります…。

before

リビングっていろんな種類のモノがあって、よくわかりません…。

「移動ワザ」で解決します

1.「公」のモノを選ぶ

共有で使う「公」のモノを分ける。

移動するのは、共有する「公」のモノ。

A.

大丈夫！皆で使う「公」のモノから区別すればOK。

皆が共有で使うモノや重要書類は、LDの家具に一括しておきます。一ヵ所に場所が決まっていれば、必要なとき、すぐに取り出せて、家族も把握しやすくなります。

細々とモノの整理から始めると大変。大きく分けることから始めて

after

「公」を1ヵ所に集める
ここだからね～
パソコン
書類
薬
充電コード
通帳など
文房具
本や雑誌
玩具
カバン
カードや紙類
ゲーム
洗濯物
化粧品
公的なモノ（家族で共有・重要書類など）
私的なモノ（個々の私物・娯楽、趣味のモノ）

これだとラク！

「公的なモノ」は、言い換えれば、わが家の重要なモノ。優先順位の高い重要なモノから片づければ、残りは玩具や私物、要らないモノだと判断できます。

change!

1ヵ所に集めて、しまっていく。
（家具はLD内ならどれでもOK）

2．収納家具にしまう

Q.

私のモノが散らかり放題。どうすれば片づきます？

before

使ったらとりあえず、棚にポイ置き。定位置に戻したようだけど、これで散らかったように見えます。

「移動ワザ」で解決します

移動するのは、「私物」。

1．カゴを用意

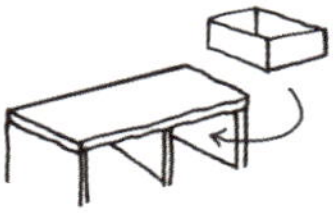

家具に納まるカゴを用意する。

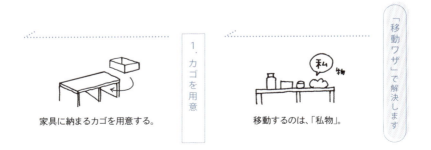

A.

「ポイ置き」から箱の中への「ポイ入れ」に。箱の固定で、さらに完璧！

私物は箱にまとめて「隠す収納」にして、家具の中に固定します。こうすれば統一感がなくて散らかりやすい私物も見苦しくなく、定位置がきちんと決まります。

after
家具に入っていれば
箱の中は整理しなくてもOK。
p.48
参照
箱に入れて
家具に固定する
ポイ入れ用ボックス
ホイッ
すぐ入る

使った後に箱を引き出して、ポイ入れ。行動は似ていますが、見た目も、定位置のレベルも全然違います。

きれいが続く

ポイ入れのボックスからモノがあふれ始めたら、要らないモノを捨てて整理するサイン。常にボックス内でやりくりするクセをつければ、きれいが続く！

change!

2．モノを入れる

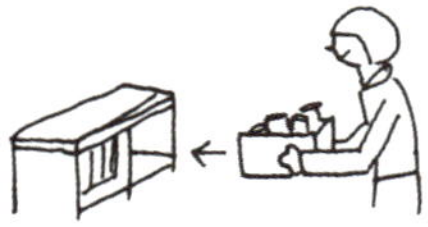

私物をカゴに移動。家具に固定する。

Q.

そこに上着を掛ける？
帰った夫がリビングで
脱ぎ着をします。

before

想定外のことをするのが家族です…。

「増設ワザ」で解決します

増設するのは、上着を掛ける場所。

1．場所を探す

リビング以外で洋服を掛ける場所を探す。
（廊下や隣の部屋を見てみる）

A.

団らんのリビングに掛けちゃダメ！近くで場所を探そう。

ちょい掛けで吊す服は目にうるさいので（本来はしないのがベストなんだけど）リビング以外の場所に掛けます。①リビングから見えない、②帰ってすぐに掛けられる場所を探しましょう。

after

リビングに入る前に
【　廊下で掛ける　】

リビングを通り過ぎて
【　隣の部屋で掛ける　】

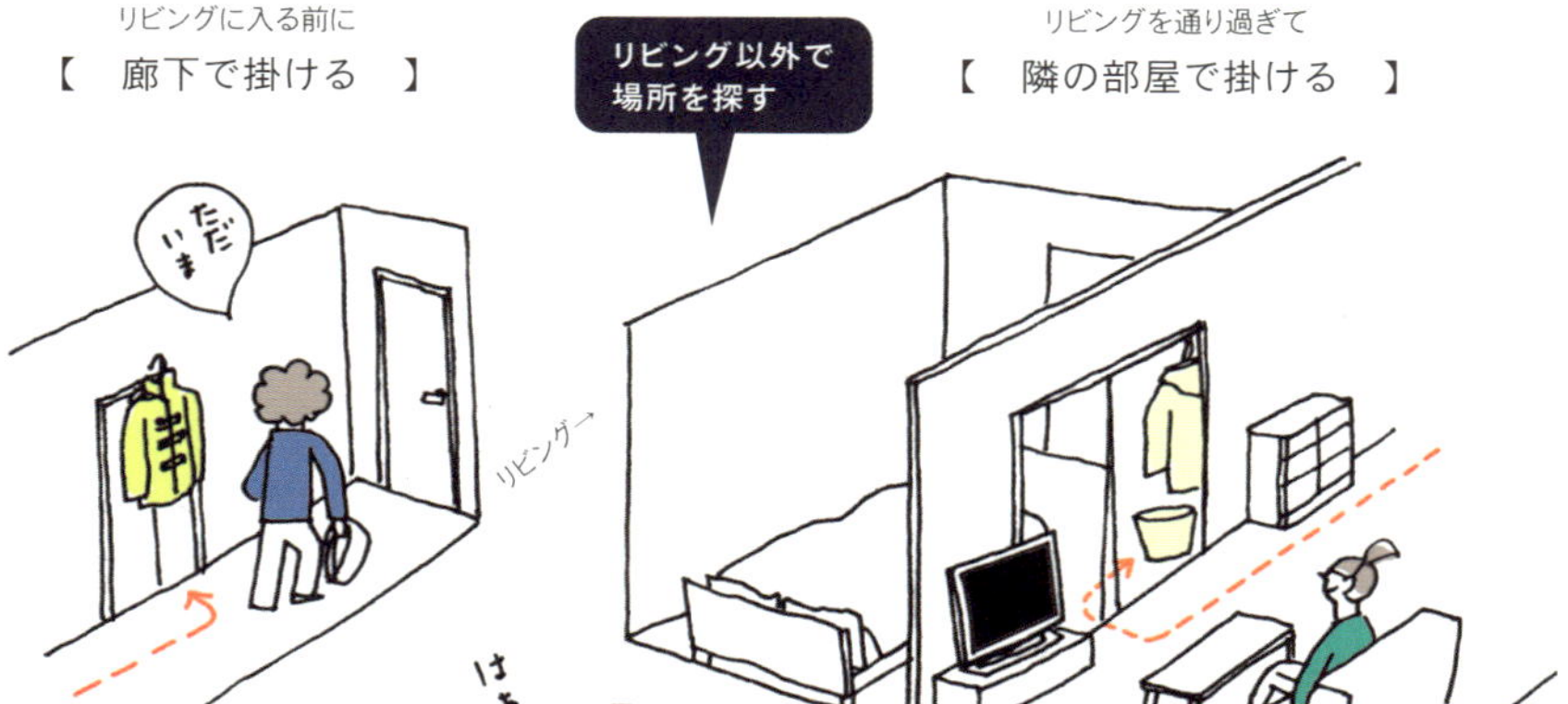

玄関〜廊下の間に掛けておけば、
翌朝もすぐに着て出掛けられます。

扉（引き戸）近くなら、帰ってきて
スムーズに洋服が掛けられます。

さらにきれい

p.48
参照

鴨居フックをつけてハンガーを掛けると
「きちんと感」が出ます。

change!

取りやすさを確認し、ハンガーを掛ける。
（取りにくいと使わなくなるので注意）

Q. 子どもの玩具が爆裂散乱中。毎日くたくたです。

before

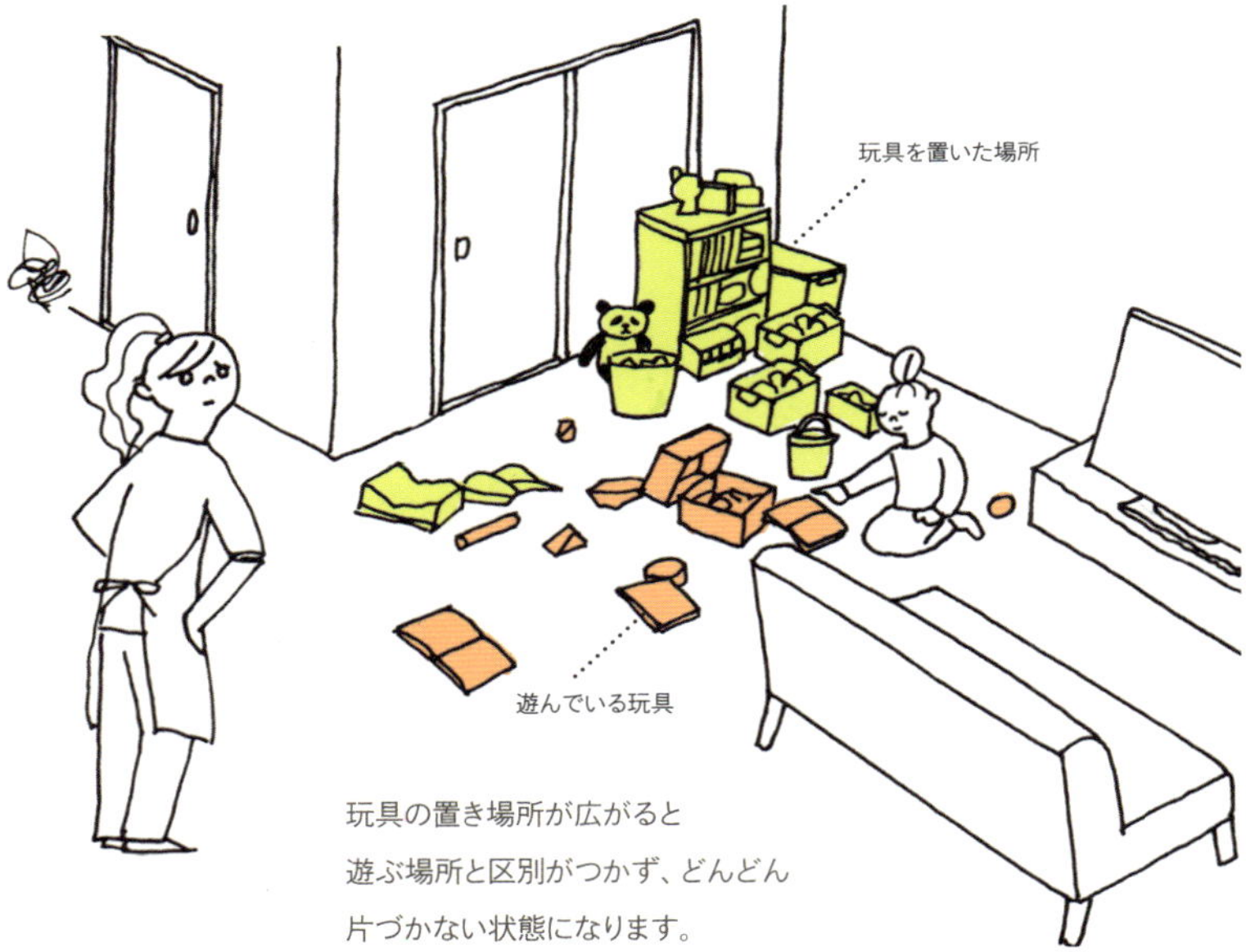

玩具の置き場所が広がると
遊ぶ場所と区別がつかず、どんどん
片づかない状態になります。

「移動ワザ」で解決します

1. サブの場所探し

リビング付近でしまえる場所を探す。
（隣の和室は空いてない？）

移動するのは、子どもの玩具。

A.

お気に入りとサブを3：7で分ける。3割をリビングに置く。

リビングに置く子どもの玩具は、全体の3割、お気に入りだけに限定します。二ヵ所に分け、リビングに置く量を減らすと片づけやすく、きれいな状態が保てます。

after

二ヵ所に分ける
そうでない玩具は
扉の向こうの
サブの収納場所に
お気に入りだけ
リビングに

玩具は子どもと一緒に分けましょう。すぐ遊べるよう3割の「お気に入り」だけリビングに、7割の「そうでない玩具」はサブの場所に移動して、遊びたいときに持ってきます。

change!

2．玩具を仕分ける

そうでない玩具
お気に入り
7
3

お気に入りとそうでない玩具に分ける。

3．7割を移動

お気に入り
7
Living
3

お気に入りだけ、リビングに置く。

1　この本を書くきっかけ、Yさんとの出会い

暑い夏の昼下がり、Yさんは明るい声で言いました。「収納用品を買うのにサイズなんて測らないですよ〜」。「サイズを測るだけできれいに納まるし、失敗しないんだから」と言いながら、私はかくかくしかじか、収納の話を続けました。すると今度は「スキマを詰めてそこに入れるってことですか？　できない、できない。難しすぎる（笑）」とYさん。「そ、そう？ちょっと考えたらできるよ」「そもそも考えろといわれた時点で、何も考えなくなっちゃう」「…」。聡明で仕事できる彼女は、家事もきちんとこなす三十代です。何事にも対応できる人なのに、なぜか収納や片づけには弱腰です。するとYさんが言いました。「でも帰ったとき、散らかった部屋を見るとどっと疲れるんですよね。」そして片づけても、うまくいかなかったこと

を自嘲して言うのです。「私って片づけられない性格なんでしょうね」

そこで、はっとしました。今の働く女性は仕事の責任も重く、人知れず、心をすり減らしながら働いています。ひと昔前なら、失敗しながらも自分なりに片づけを覚えたり、手を動かす時間があったかもしれません。今はその時間が食事や洗濯、毎日の家事にすぅと消えるほどわずかです。そんな合間に片づけたのに、結果がついてこなかったら、誰だってイヤになって当然です。

私は遠く離れたところから、ただ彼女に正論を投げかけていることに気づきました。今のＹさんに必要なのは、すぐそばにまで来て「こっちだよ」と手を引いてくれる確かさ、時間を要さないわかりやすさです。できない性格だとあきらめているＹさんを見ていると、胸にこみ上げるものがありました。もっと伝えるべきことがあるんじゃないか。

スキルである収納は覚えればできるようになります。できない性格なんてないのです。Ｙさんや片づかないと嘆いていた皆の役に立つ本を書こう。かくして、私の著書史上もっともわかりやすさを目指した、片づけの本を書くこととなったのです。

Q.

家具や箱もちゃんとあるのになぜか散漫…。どういうこと？

before

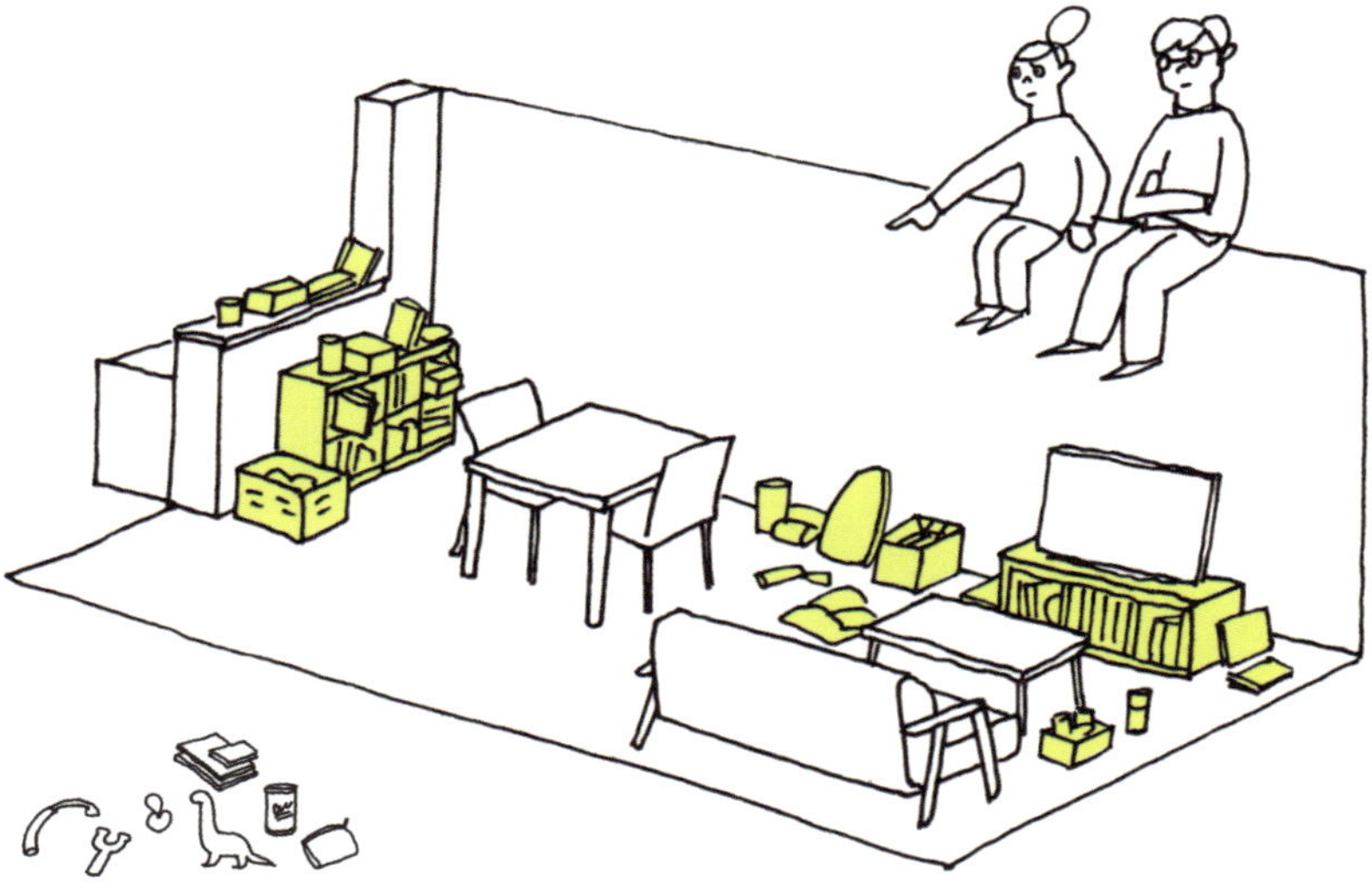

リビングにはよくわからないモノも集まりやすい。

棚や箱があっても、オープンタイプの収納だけなら、ごちゃごちゃしたモノが丸見えなので散漫な印象になります。

「増設ワザ」で解決します

1. 家具を置く

サイズを測り、家具を検討する。

増設するのは、扉つき収納家具。

A.

それは家具選び。オープン棚だけでなく扉つきも要るのだ！

リビングでは、扉つきの家具がひとつあると重宝します。理由はリビングにはなぞの小物や雑品が意外と多く、これらが隠せると、部屋がうんと片づくからです。

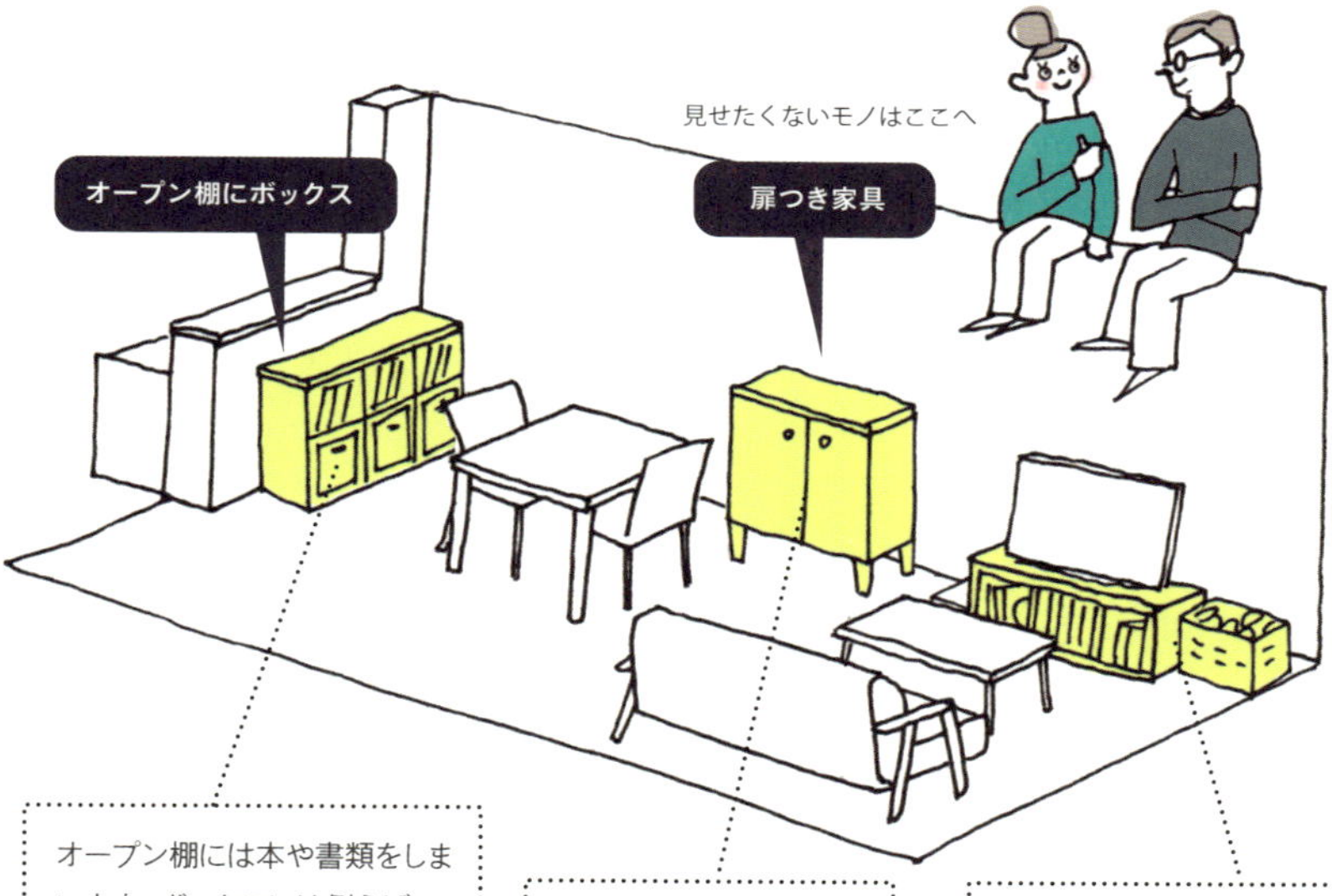
after
見せたくないモノはここへ
オープン棚にボックス
扉つき家具

オープン棚には本や書類をしまいます。ボックスには例えば、「公」のモノを収納（p.20-21）。

扉つき家具は多目的に。玩具、趣味のモノなど。

ＴＶボードは、DVDやリビングでよく使うモノなど。

家具がないときは？

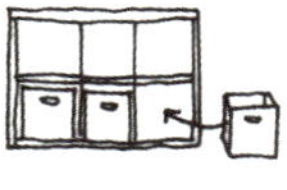

オープン棚でもボックスをセットすると扉つき家具と同じ「隠す収納」になります。

change!

美容機器。玩具、マッサージ用品、ゲーム類、紙類、趣味のモノなど

見せたくないモノをしまう。

2. モノを移動

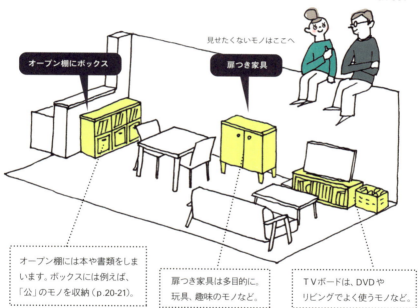

Q.

中にしまいたくても
スペースがない…。
八方ふさがりです。

before

こういうとき
自分でスペースが
つくれるようになると
上達するよ

新しく増えたDVDと芳香スプレーをしまいたいけど、もうスペースなんかありません…。

A. あと一歩のスキマを詰めると空き地ができる！

家具の中に大きめのスキマを見つけたら、そこは「詰めるとモノがしまえる場所」です。あと少し詰めたらいけそうなのに…というときはこれで入ります。

after

こう推理して

「詰めワザ」で解決！

あっ、
上に大きなスキマ。
何か臭うな…。
薬
ネイル
DVD
15cm
15cm
もしかして
棚の位置を上げたら
スキマがなくなる？
DVDも立ててしまえる？
棚位置を変える
推理、命中！
棚の位置を変えたら
スキマが詰まった。
空き地ができた！
薬
ネイル
DVD
11cm
19cm

入らなかったDVDと芳香スプレーが入る

Q.
家具にしまったのに使いづらい…。何か、間違ってる？

しっかり入れなきゃって頑張ったよね。でも、もっといい方法があります！

before

よーく見ると、同じモノを複数あちこちに置いてます。これだと出すのが毎回、面倒です。

A.

2段階で、出し戻ししやすいしまい方にシフト！

家具にしまったのに使いづらい…という人はモノのしまい方が悪いのかも。同じ種類のモノでまとめていけば、取り出しやすい状態に変わります。

after

「詰めワザ」で解決！

【 第1段階 】 → 【 第2段階 】

お
収納用品で整える
同じ種類で集めて
文房具
薬
郵便物
本や書類
スマホ関係
雑品

同じ種類のモノを集めて置くと、だいたい定位置が決まってきます。

小さなモノが迷子にならないよう、収納用品に入れたら完了。これで、出し戻ししやすい状態になります。

(ちなみに…これが収納のお手本とされる、「1箱1用途」という状態です)。

Q.

スキマの詰め方、他の方法もある？もっと知りたい！

before

紙袋にまとめた雑品。
この状態で、早数ヵ月…。

どこかに使える
スキマはない
かしら？

A.

モノをうまく重ねる方法でも空き地ができます。

モノを重ねてスキマを詰めるときは、出番の少ないモノを下にします。重ねるとき、「よく使うモノの出し入れがしづらくないか」に注意を払えれば、失敗しません。

2 収納の喜びは「ホイ、ホイ、ホイッ」

　私が一日の後片付けをするのはたいてい午前0時をまわった夜更けです。食後のひと仕事を終え、今日一日の清算とばかりにキッチンに立って、食器を洗い、散らかったモノを片づけます。

　そのときの、モノを戻す動作を言葉にすれば「ホイ」という感じでしょうか。出しっぱなしのオリーブオイルを棚へホイ、転がったスプーンをトレイにホイ、ホールトマトの空き缶ホイ、掃除道具ホイ、ホイ、ホイ、ホイッ。体を右へ左へリズムよく動かして、片づけはほんの1～2分で終わってしまいます。「ホイ」なんてのんきな音を出しているくらいですから、この間、何も考えていません。「これ、出しっぱなしにした誰？もう！」と犯人捜しをする間もなく、次の瞬間には歯を磨きに洗面所へ移動しています。

[COLUMN]

この本の「はじめに」で、「収納が整えば、毎日の片づけはいつしか『考えない』でできるようになります。」と書きました。本当にその通りです。戻しやすい定位置があって、それが習慣となれば、毎日の片づけは「ホイ」で済んでしまいます。

もし仮に私のキッチンにモノの定位置がなかったら？　「オリーブオイルは…入らないからこの奥に詰めよう」、「掃除道具、しまう場所がないからとりあえず床に置いて…」とひとつ戻すたびに頭を使って考えることになります。元気な日はそれもできるでしょうが、疲れていればすべて出しっぱなしになるに違いありません。

「定位置をつくる」は几帳面に暮らすためというよりは、先々の自分を助けてあげるためにすることだと私は思います。小さなストレスが消えれば、そのスペースに生まれるのは心の余裕です。それが忙しい毎日には何より有難いご褒美です。

ちなみに。先日、主人が魚を冷凍するんだと、保存用の密封袋を手にして言ってました。「何でもすっと出し入れできると、賢く暮らしてるって気分になるなぁ」。「ホイ」の喜びは家族にでも伝染するようです。

Q. 取り込んだ洗濯物がよーく出しっぱなしです。

before

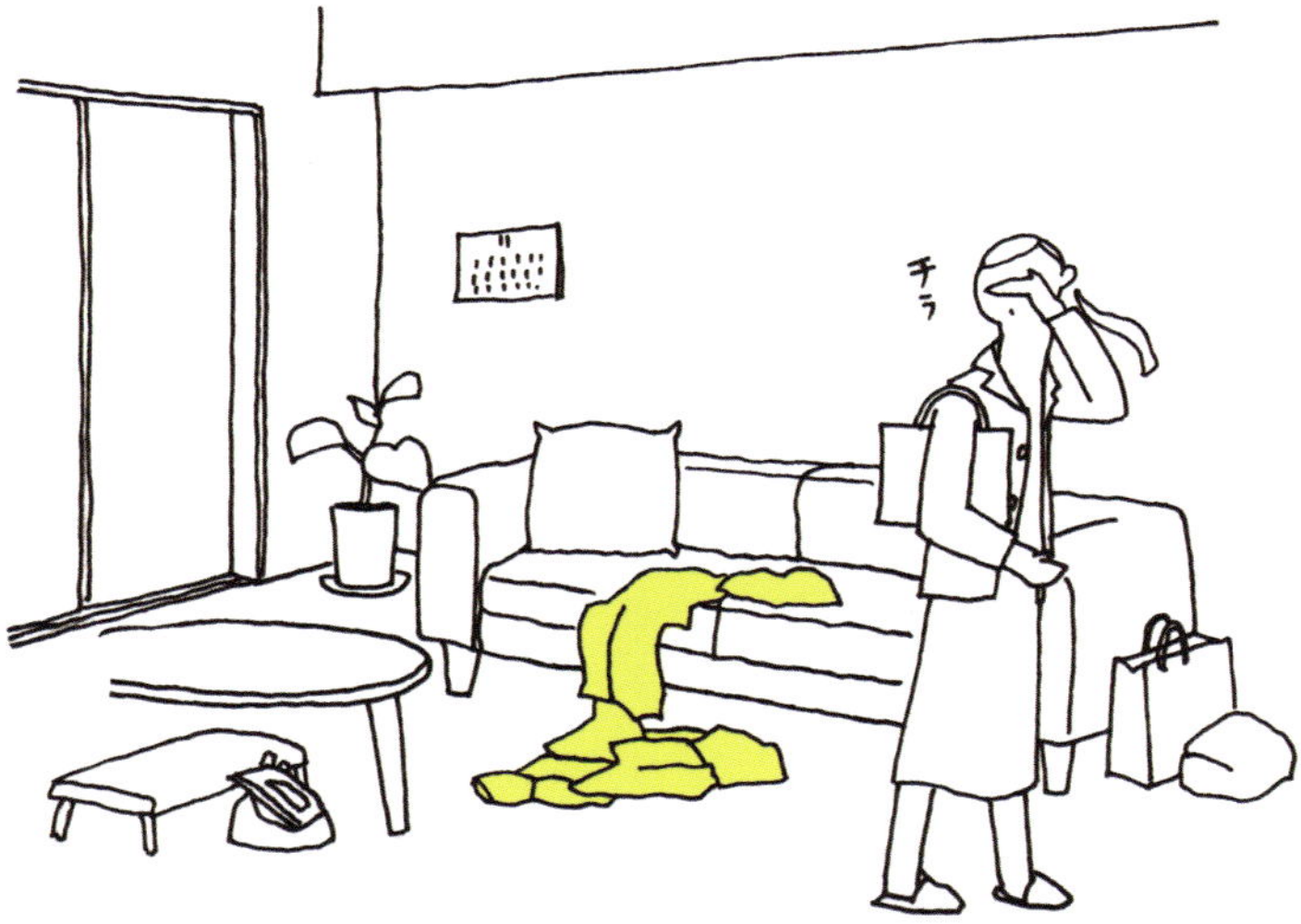

アイロンをかけようと思ってたのに、タイムオーバー。洗濯物はこのままで出勤です…。

「増設ワザ」で解決します

増やすのは、洗濯物の定位置。

1．ボックスを用意

p.49参照

大きめで浅い布製ボックスを用意。
（カラーボックス用の「ハーフボックス」がおすすめ）

A.

ハーフボックスで緊急対策。散らかりを食い止めて。

アイロンをかけるつもりの洗濯物がしばらく出しっぱなし…なんてことがよくあるなら「臨時対策」をしましょう。定位置があれば目障りになりませんよ。

出しっぱなしはよくあること。目障りにならない方法を考えよう

after

キューダイテン
ボックスを定位置に
使わないときはソファ下に格納しておく。

テーブル下やソファ横（オレンジ部分）にボックスを置いて、洗濯物が目立たないように置く。

ここは注意

大きめのボックスとはいえ大量の洗濯物が入るサイズではありません。洗濯物を取り込んだら、アイロンがけしない分だけは頑張ってしまいきって！

change!

2、洗濯物を入れる

洗濯物を2つ折りにしてボックスに投入。

Q. アイロン台が出しっぱなしの私はダメな女？

before

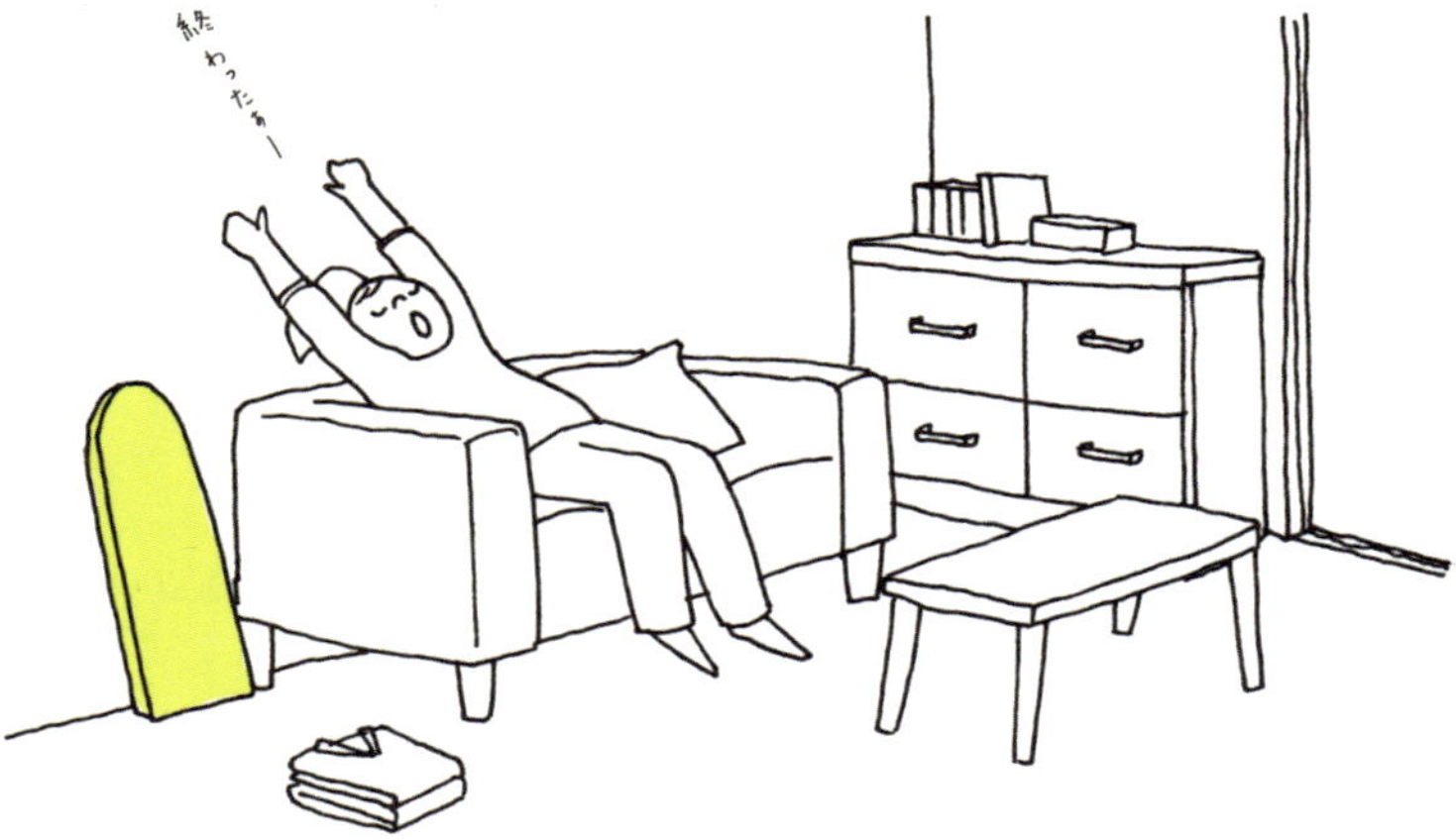

しまう場所がなくて、ついつい出しっぱなし。リビングで使うので、アイロン台はこの辺でしまいたい。

「移動ワザ」で解決します

移動するのは、アイロン台。

1. サイズを確認

折りたたんだアイロン台の高さを確認。

A. スキマに差し込めば リビングでも しまえますよ。

アイロン台はたためばコンパクト。家具のスキマに差し込めば入ります。物入れが遠いからしまえない…というときもこうして定位置をつくれば片づきます。

after

家具より飛び出さないように。

高さがあるならソファ下へ。

アイロン台はたたむと5〜6cm。上図のようにスキマは意外とあるので、差し込めばしまえます。

change!

2. スキマを探す

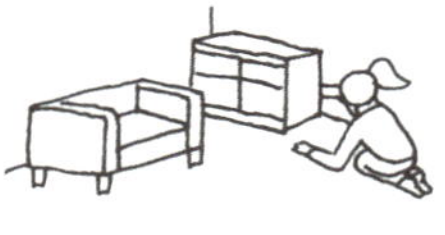

アイロン台が入るスキマを探す。
（1.で確認した高さが入れば、OK）

3. アイロン台を移動

出し入れしやすい場所に差し込む。
（目立たない場所だと、さらにいい）

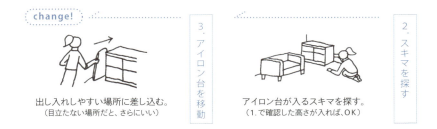

Q.
雑品をまとめるカゴ。ソファ横に置くならどんなの？

before

ソファ横は、サイズが小さいと、ちょっと間が抜けて見えます。かっこよく置きたい！

「整美ワザ」で解決します

整えるのは、ソファ横のカゴ。

1. サイズを確認①

入れたいモノを集めて、高さを確認。
（いちばん大きいモノを見る）

A. 床置きカゴのかっこいい選び方は2回のサイズチェック！

ソファ横に置くカゴは、実用性とインテリア性の両方が必要です。難しそうに感じますがモノとソファ、2回のサイズチェックをすれば失敗なく選べます。

after

大きなソファに負けないサイズ感のカゴはインテリアとして、バランスよく見えます。

【 1回め 】

中身が出るとダメ。

しまいたいモノがすっぽり納まるか、確認。

【 2回め 】

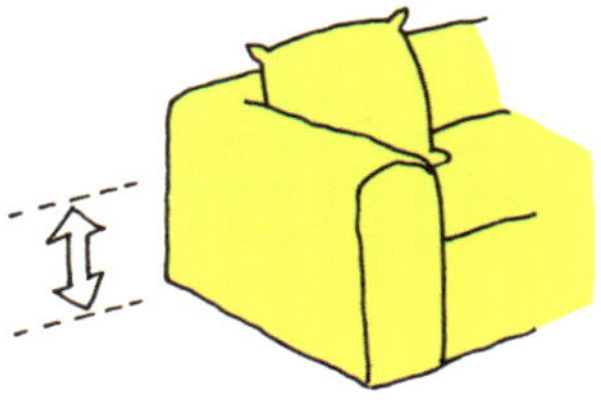

ソファに対して1/3以上の高さがあるか、確認。

補足のひとこと

床置きカゴは部屋にひとつ、もしくは大小 2 個がベストです。無造作にたくさん置くのは上級テクなので注意して。

change!

ソファの1/3以上の高さを確認。
(1/3以上あるとバランスがいい)

2. サイズを確認②

Q.

飾ってみたけど、なんだか…変。どうしたらいい？

飾りたいって
気持ち、わかる！

before

ちょこっと空いたスキマに、お気に入りを飾ってみたり…して。
飾りたいモノと日用品が混在状態。

「整美ワザ」で解決します

1．飾るモノを移動

日用品に埋もれた飾るモノを取り出す。

整えるのは、飾りたいモノ。

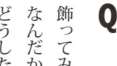

A. 日用品と混ぜないで。きっぱり分ければかわいく見えます。

写真立て、置物、花…飾るモノは日用品とはきっぱり分けて置くのがポイント。天板の上に飾るモノを集めれば、それだけでかわいいコーナーができあがります。

after

日用品をしまう場所と、飾る場所を分けるだけで、うまくいきます。

カゴでの隠し方

いちばん背の高いアイテムが 7〜8 割くらい隠れるカゴで目隠しします。

change!

飾るモノを天板の上へ集める。
(日用品は棚にしまう)

2. 飾る場所に集結

1章リビングで登場したアイテム

リビングではカゴやボックスの出番が多くなります。
サイズと見た目のいい素材で、部屋がすてきになります。

p.23 私物用のボックスは、大きすぎないサイズで

私物用のボックスは、「たくさんしまいたい」とハーフボックス（左ページ上）のような横長にするとつい入れすぎてしまいます。大きくてもこの DVD用くらいのカゴで（幅29×奥行23×高さ15cm）。
ニトリ DVDケース バスケット BANKWAN DVD

p.25 洋服は「鴨居フック」に掛けて、きれいな定位置

薄くて小さな鴨居専用のフックです。鴨居にハンガーを掛けるとき適当になりがちですが、鴨居フックをつけると、毎回、同じ位置に掛けるのできちんとした定位置になります。黒もあり。
ハイロジック 鴨居フックS1　T685

p.40　洗濯物の仮置きには、ハーフサイズがちょうどいい

カラーボックスにセットする「ハーフボックス」（幅38cm× 高さ12cm）は、無印良品などでも同サイズの商品があります。仮置きのボックスに予算が出しづらい…という方にはこんな手頃な商品も。

ニトリ　バスケット　タック2（ハーフ BR）

p.45　ソファ横のカゴはランドリーバスケットを狙う

ソファ横に置くような大きなカゴは、ランドリーバスケットから探すと、サイズも素材も豊富です。素材が柔らかいと、モノを入れたときにたわんで変形するのでしっかりした素材を選びましょう。

ACTUS　ランドリーバスケット

2 ダイニング Dining

ダイニングでは、食事以外にも子どもの宿題や
パソコン作業などをするので、細々としたモノが集まります。

考えない
ダイニング

●テーブル上はモノをゼロに　→移動ワザでテーブルからなくそう

●何となく溜める、をやめる　→増設ワザで定位置をつくろう

●生活感を隠そう　→整美ワザできれいに目隠ししよう

Q. あぁモノだらけ…。何をしようにも動けない！

テーブルって
いつも物置状態。
片づけを考えるの
大変だよね～

before

お菓子やDM、パソコンに文房具や印鑑…モノが広がってるので、毎回片づけないと動けません。

「移動ワザ」で解決します

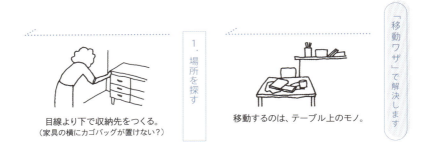

1．場所を探す

目線より下で収納先をつくる。
（家具の横にカゴバッグが置けない？）

移動するのは、テーブル上のモノ。

A.

目線より下！置ける場所はこんなにあります。

食事やパソコン作業、書類整理などがいつでもすぐできるよう、テーブルにはモノを置かないこと。目線より下にしまうことで部屋もきれいに見えます。

after

うふふ
何からしようかな
仮にモノを置く場合も、このくらいの少なさならOK。
フック＋カバンにお菓子を入れる
床置きカゴは1ヵ所のみで
カゴバッグに雑誌
p.72参照
戸棚用バスケットに小物を仮置き

テーブルと一緒に、カウンターや家具にもモノを置かないようにすれば、きれいさ倍増です。

change!

2. モノを仕分ける

雑誌は「大」
文房具は「小」

モノを「大」「小」「食べ物」に分ける。

3. モノをしまう

「大」はカゴバッグ「小」はバスケット、「食べ物」はカバンに吊す。

Q. テーブルで使うモノ、どこにしまったらいい？

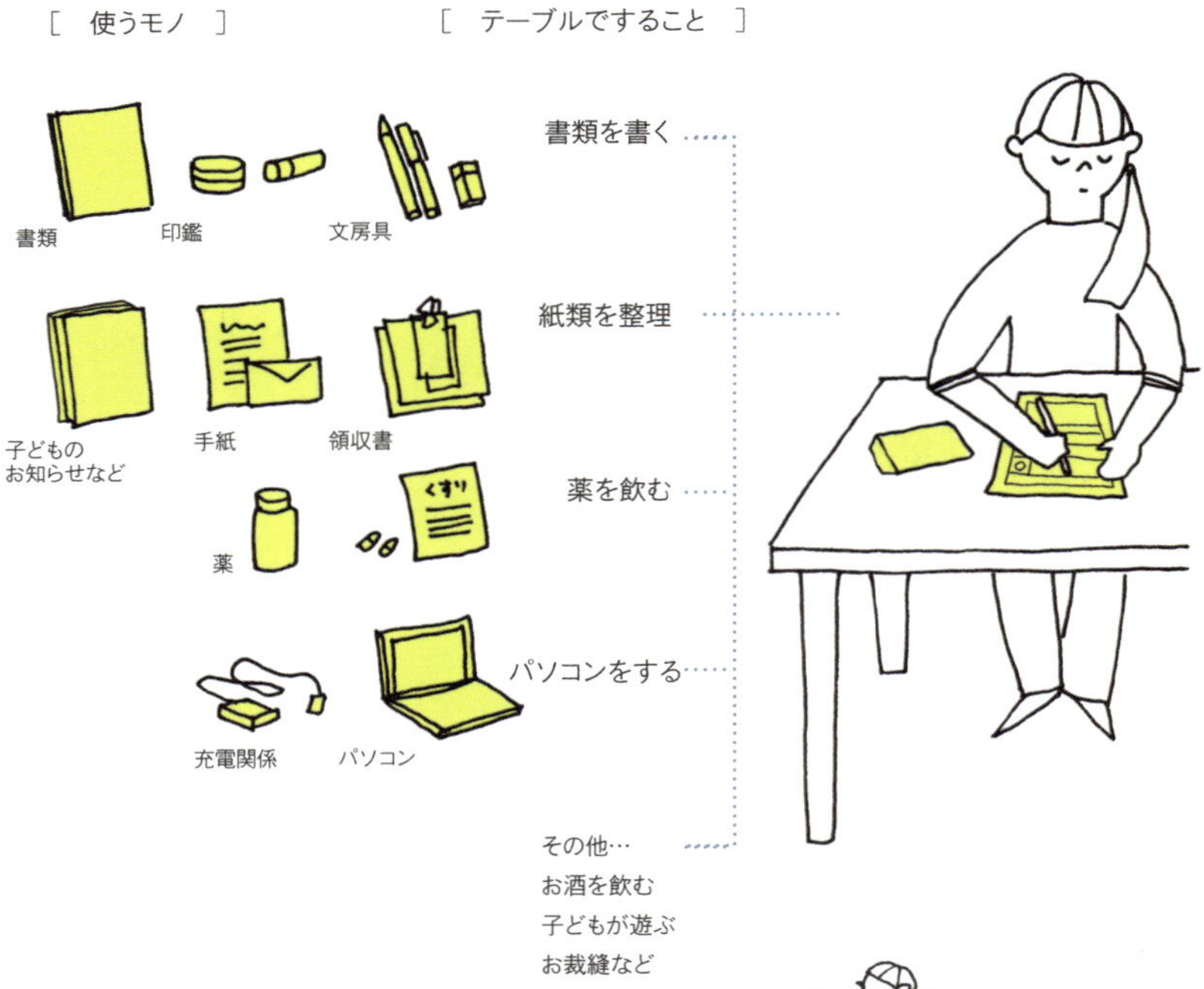

[使うモノ]
[テーブルですること]
書類
印鑑
文房具
子どものお知らせなど
手紙
領収書
薬
くすり
充電関係
パソコン
書類を書く
紙類を整理
薬を飲む
パソコンをする
その他…
お酒を飲む
子どもが遊ぶ
お裁縫など

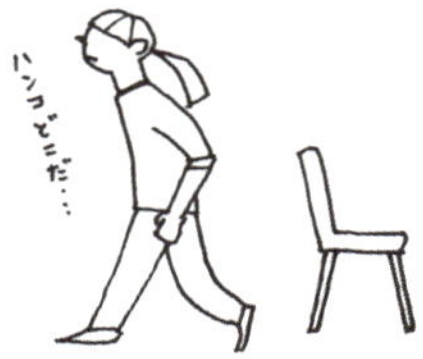

ハンコどこだ…

テーブルでは、食事以外でもいろいろなことをするので、
それぞれで使うモノが集まります。

A.

ここですることを思い出して、近くの家具にまとめよう。

テーブルで使うモノは紙と小物が中心です。まずはそのふたつが入る収納場所をつくると、手早く片づきます。細かく整理するのはその後で。

「移動ワザ」で解決！

【　集める　】

テーブルで使うモノ

【　仕分ける　】

「小物」には引き出し式のケース、「紙」はファイルボックスを用意。

さらに…　紙類はサイズが同じで混同しやすいので、案件ごと（学校、家計など）クリアホルダーに分ける。

テーブル近くの家具にまとめる

事務っぽい見た目が好きじゃない人は扉の中へしまう。

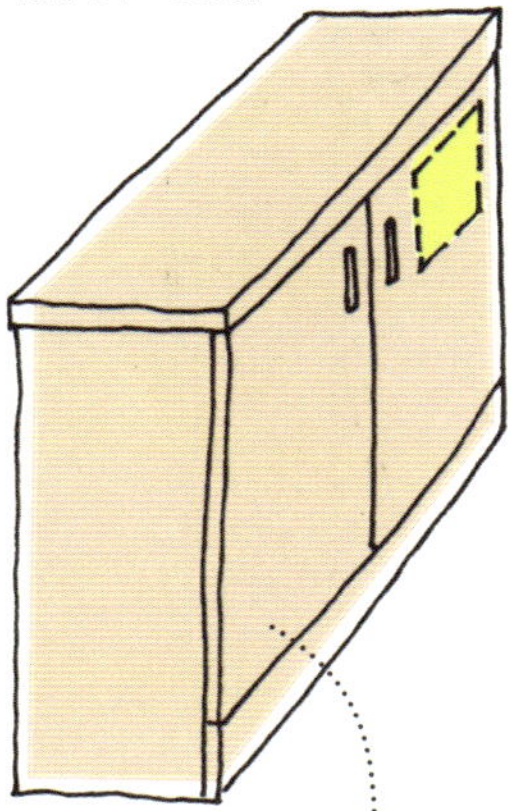

サイズの大きなモノはそのまま家具の中へ。

テーブルから近い家具にまとめておけば、戻すのが面倒で出しっぱなしになることや、取りに行く手間が省けます。

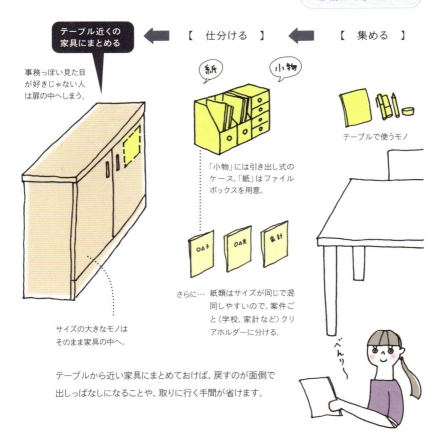

Q.

帰ったらカバンを床やイスにどーん。座ろうにも場所なし…。

before

家に帰ってきたら、とりあえずカバンをイスにどーん。後でまた、これを片づけるハメに…。

「増設ワザ」で解決します

1．どちらか選ぶ

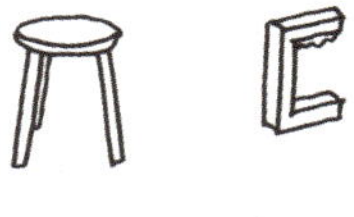

部屋の大きさに合わせて、グッズ選択。

増設するのは、通勤カバンの定位置。

A.

クリフハンガー&スツール。解決に導くふたつのアイテム。

家に帰ってきたら、カバンはすぐテーブルに掛けるか、スツールに置きます。定位置があると、カバンを何度も移動する煩わしさがなくなりますよ。

after

はあぁー
すぐ座れる
場所があるときは…
部屋の隅に
スツールを置く
場所がないときは…
p.72
参照
テーブルにクリフ
ハンガーで掛ける

テーブルや部屋の隅にカバンの定位置をつくれば、生活のじゃまになりません。

change!

2. スツールに置く

カバンが落ちてしまうので、
スツールは壁から離さずに置いて。

or

change!

2. フックに掛ける

カバンがぶらつかないよう、
テーブル脚のそばに掛けて。

Q.

子どもがテーブルで宿題。学用品がもれなく散乱中…。

before

ボックスや手持ちの家具だけでは、ぱらぱらと学用品が散らかります。

「増設ワザ」で解決します

1. 場所を探す

ダイニングで、家具の置ける場所を探す。
（カウンター脇や手持ちの家具の横はどう？）

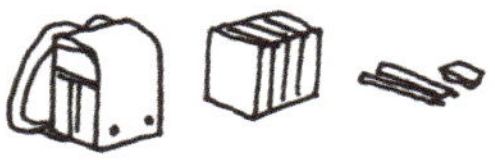

増設するのは、子どもの学用品置き場。

A.

テーブル脇にランドセルと学用品の棚を新設！

最近は、中学生でもLDで勉強する子どもが多いといいます。となれば勉強道具がLDに置かれる時期は6年以上。暫定的でなく、家具で定位置を整えましょう。

after

いいでしょ
まぁね
棚を追加する
しまうモノ
子ども部屋にも収納があるので、ここはダイニングで使う分だけを。
棚のサイズ
カラーボックスのサイズでOK（幅60×奥行き30×高さ90cm）。
時間割
ランドセル
棚にフックをつけて

家具に一括すれば、部屋も散らからない。オープン棚子どもも出しやすい。

さらにきれい

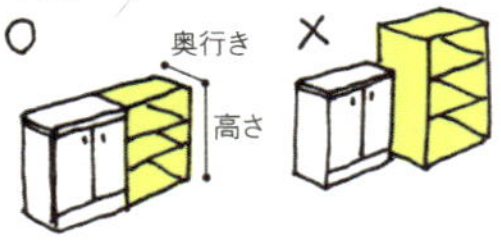
○
×
奥行き
高さ

手持ちの家具に、高さと奥行きを合わせると、追加してもすっきり見えます。

change!

家具に学用品を集結。
（出し入れしやすいオープン棚がおすすめ）

2．家具を置く

Q.

なんでだろう？落ち着いて食事ができません。

片づけ以外で
解決する方法を
教えるね

before

キッチンと向かい合う席に
座っているので、常にごちゃ
ごちゃが目に入ってきます。

「移動ワザ」で解決します

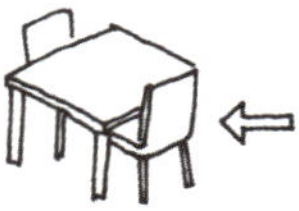

移動するのは、イスの位置。

1．他の席を試す

イスの位置を変え、視界のいい席を探す。
（モノが目に入ってこない席がベスト）

A. イスを移動して座る位置を変えてみては？

落ち着かない原因のひとつは、席から見える視界。席からごちゃごちゃしたモノが見えると気持ちが散漫になり落ち着きません。イスを移動し指定席を変えてみて。

after
座る位置を90°回転
視界にごちゃごちゃが入りません

例えば90°回転した位置に座ればキッチンのごちゃごちゃを見ずに食事ができます。

補足のひとこと

これと同じ考え方で、「視界によく入る場所から片づける」、逆に目立たせたくないモノは「視界に入らない場所に置く」も有効。視界を知ると役立ちます。

change!

視界のいい位置に、イスを移動。

2. イスを移動

3 私たちは、チームを率いる名監督なのだ

家族と暮らしていると、片づけの原因は四方八方からやってきます。主人が使ったモノを元に戻さない、子どもが玩具を散らかす…ひとり暮らしでは起こらない、あれやこれやが私たちを悩ませます。「どうして皆やってくれないのよ」と憮然とした気持ちにもなりますが、そんなとき、こんなふうに考えてみませんか。「私はこのチームの監督なんだ！」

監督の醍醐味は、自分の作戦でチームをまとめ、勝利に導くことです。ひとつ高い位置から全体を見渡し、皆をいい方向へと引っ張っていくことです。

誰かが散らかしたモノを新入部員のボール拾いのように、ひたすら追いかけて片づけても、不服が募るばかりです。それならば、自身が指揮官となって、チームを引っ張るつもりで

動いてはどうだろう。モノをここに置けば苦手な選手（家族）も片づけるんじゃないか。円滑に行えるようミーティングをしてみようかな。先手を打ってこんなアイデアはどうだろう。その作戦がぴたりとはまれば、新しいやりがいも見つかります。

　中学の三年間、私は部活でバスケボールをしていました。これがまあ、やってて意味があるんだろうかというほどの弱小チームで、公式試合はおろか親善試合にもほとんど勝ったことがありませんでした。

　三年になる春、バスケ経験のある老齢の先生が転任してきて、監督に就きました。それまでこれといった指導を受けてなかった私たちは、フォーメーションの組み方、ボールをどの位置で取るか、そんな簡単なことすら知らず、新しい監督の指導に嬉々としました。結局、引退するまで弱いチームのままでしたが、公式戦では負けはするけど大差のつく試合少なくなり、三年間、ずっと負け続けた隣町の中学に一度だけ勝つこともありました。あの日はバスケをやっていて良かったと皆ではしゃいで帰ったな。

　いい監督のもとでは何かが変わる。私たちの収納もきっと同じです。

Q.
カウンターの「生活感」…。どうにかなりませんか？

before

置かないつもりでも、カウンターにはモノが集まって、生活感が出てしまう。

「整美ワザ」で解決します

整えるのは、カウンターの上。

1. モノをまとめる

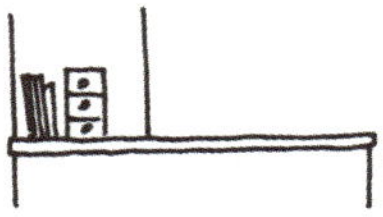

日用品をカウンターの端に集める。

A.

「生活感」には額や花瓶で美しい目隠しを。

大きなモノ、印象の強いモノを飾ると、生活感の強い日用品が目立たなくなります。額は日用品の目隠しに、花瓶は目線を集める効果があります。

after

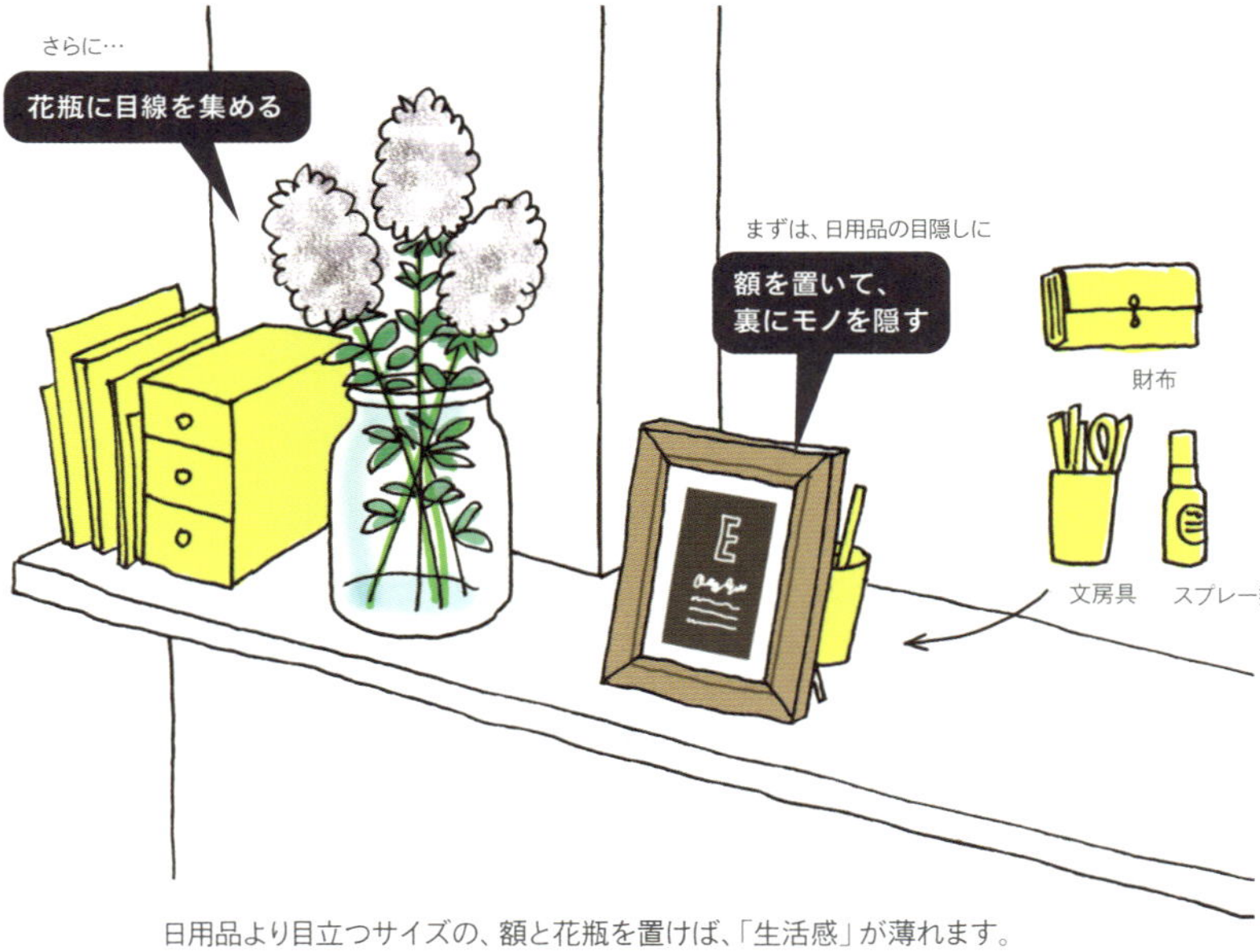

さらに…
花瓶に目線を集める
まずは、日用品の目隠しに
額を置いて、裏にモノを隠す
財布
文房具
スプレー類

日用品より目立つサイズの、額と花瓶を置けば、「生活感」が薄れます。

カウンター幅の1/2くらいに全体を寄せれば散らかって見えず、片づいた印象になります。

それぞれのサイズは？

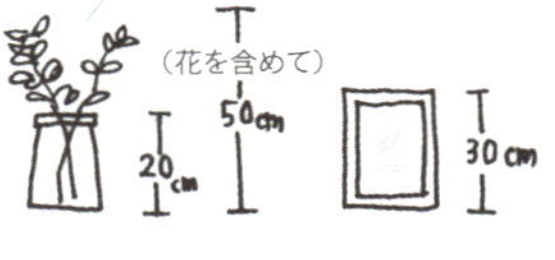

(花を含めて)
50cm
20cm
30cm

日用品より目立つよう、額と花瓶は少し大きめのサイズを選びます。

change!

1/2

額を置き、裏にモノを隠す。余裕があれば花瓶も置く。

2.額と花瓶を置く

Q.

家族のiPadやスマホ。充電場所はどこがいい？

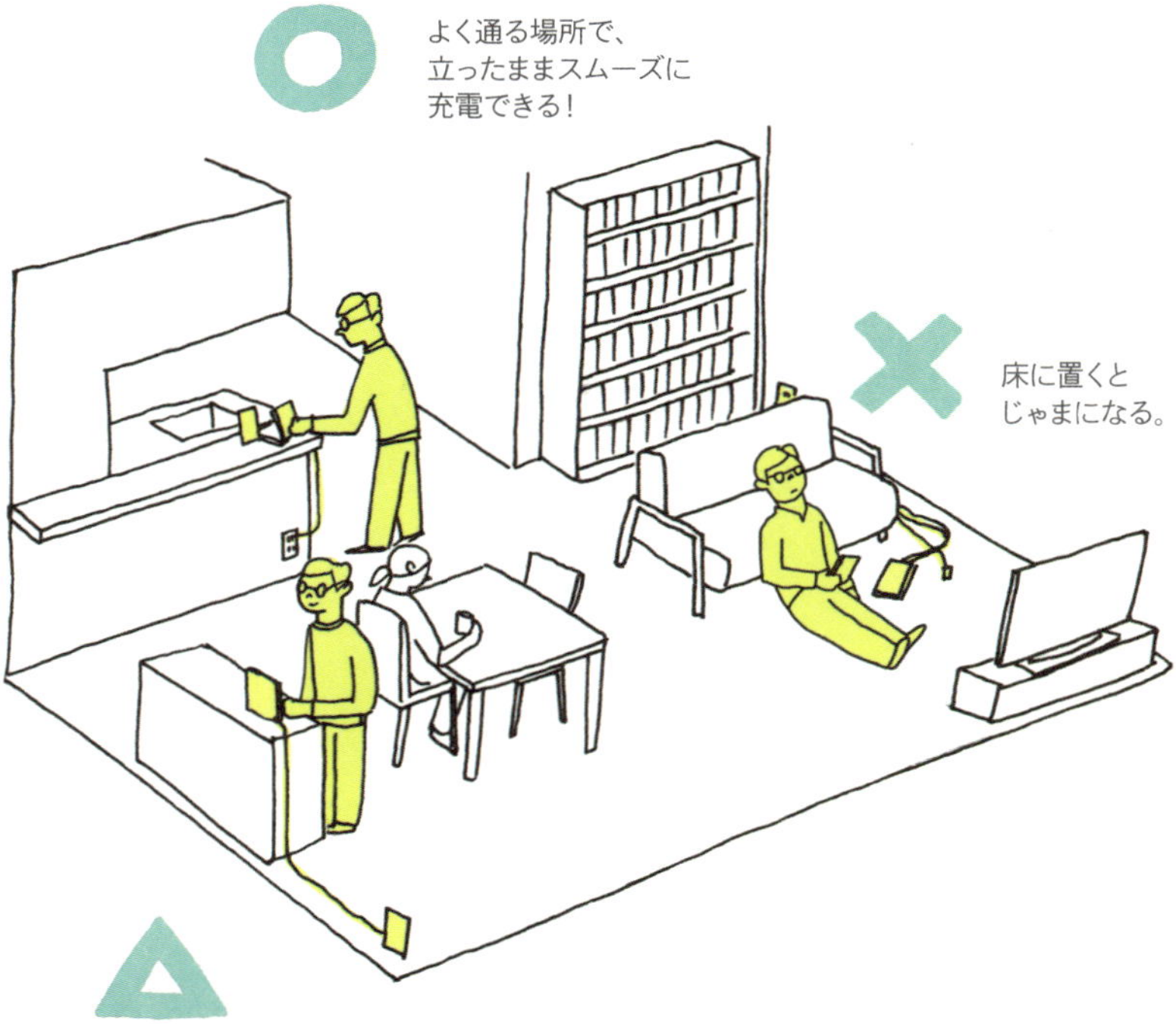
よく通る場所で、
立ったままスムーズに
充電できる！
床に置くと
じゃまになる。
立ったまま充電できるけど
テーブルの奥でアクセス悪し。

A.

①よく通る
②立ったまま充電、できる場所がベスト。

混乱しがちな充電器は、家族共有で一ヵ所にまとめるのがベストです。ただ、コードが見苦しくなりやすいので、ひと手間かけてきれいにすれば、部屋とも調和します。

「整美ワザ」で解決！

家族で共有の

【 場所を決める 】

コンセントから電源を延長して、
カウンター上に家族の充電コーナーをつくる。

スタンドやトレイを足して…

【 さらに、きれい！ 】

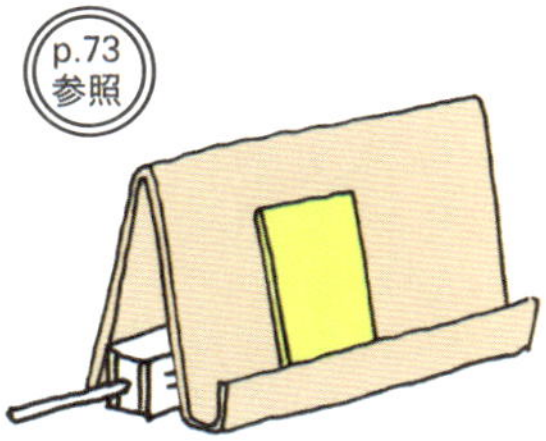

タブレットスタンド。裏にケーブルを隠す。

トレイ。ケーブルごと入れてしまう。

Q. 一応、溜めている領収書。どうやって管理したらいいの？

領収書を後で見る

【　家計簿をつける派　】

●項目別
食費、光熱費、交際費、外食、その他…

●期間別
○月第1週、2週…

ファイルに入れるとき、領収書を分けてしまえば、後で見返しやすくなります。

自分のわかりやすい方法で分類を決めておく。

ファイルを見ながら領収書をチェック。
不要になったらまとめてファイルから外す。

「増設ワザ」で解決します

1、自分を振り返る

領収書を後で「見るor見ない」を確認。

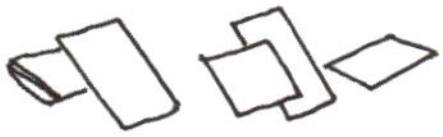

増設するのは、領収書をしまう場所。

A. 見る人は、クリアファイル。見ない人は、ボックス。手間をかけずに管理を。

領収書は、後で「見る」か「あまり見ない」かで使うといいファイルが違います。次の行動（家計簿をつける、捨てる）を考えて、余計な手間がかからないように管理します。

領収書を後であまり見ない

【　家計簿をつけない派　】

2ヵ月ごとで分けられるじゃばら型のドキュメントファイル（右）放り込むだけのボックス（左）。どちらでもOK。

何かあったとき探せばいいのでこのくらいざっくりした管理でOK。年度が変わったら捨てましょう。

change!

2．ファイルを用意

ファイルを用意して、領収書を入れる。

3．家具に定位置を

終わったら家具の中にしまう。
（定位置が決まっていると、すぐ出せる）

Q.

良かれと思い カゴにまとめたのに 使いづらい。

before

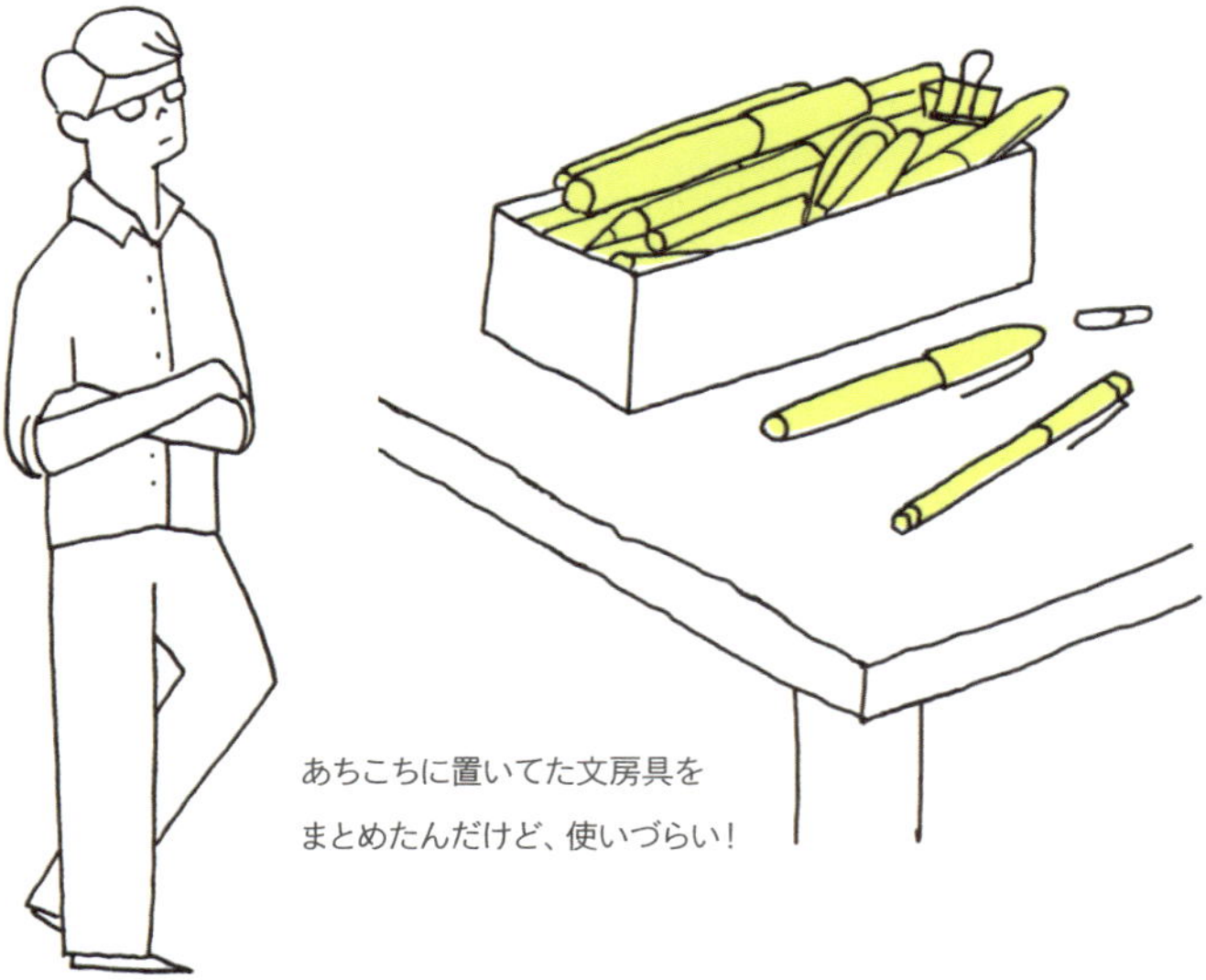

あちこちに置いてた文房具を
まとめたんだけど、使いづらい！

「移動ワザ」で解決します

1. 中身を減らす

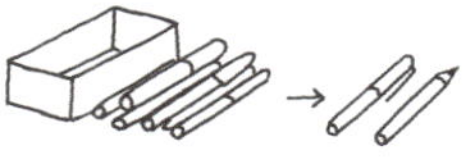

同じモノは、数を1本に減らす。

移動するのは、多すぎる中身。

A. 原因は詰めすぎ。中身を減らせば使いやすくなります。

文房具のように出し入れの多いモノは、ゆとりがないとさっと出ず、使いづらくなります。「同じグループだから」と窮屈に詰め込んでいたら、少し中身を減らして。

after

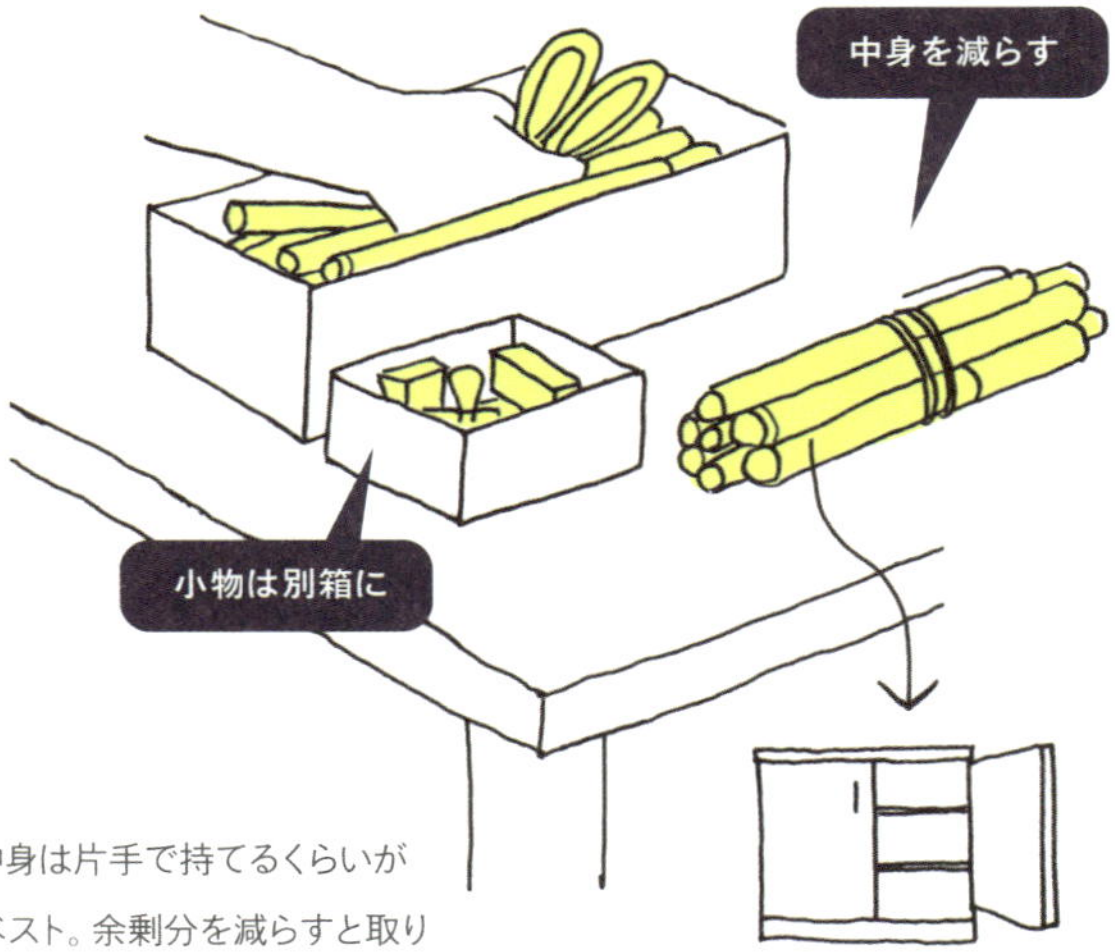

中身は片手で持てるくらいがベスト。余剰分を減らすと取りだしやすくなる。

減らした分は輪ゴムでまとめ補充用として家具にしまう。

詰めすぎNG基準は？

「出し入れの多いモノ」＝詰めちゃダメ。「出し入れの少ないモノ」＝詰めてOK。シンプルにこう覚えておけば、場所やアイテムが違っても、判断できます。

change!

2．小物を分ける

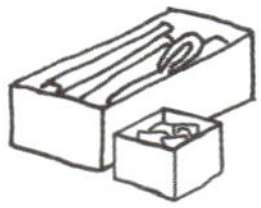

さらにクリップなど小物を分ける。小さいモノを外すと取りだしやすくなる。

2章ダイニングで
登場した
アイテム

モノが集まりやすいダイニングではテーブルまわりが
すっきり見えるよう、目立たずスマートな収納グッズを選びます。

p.53 戸棚用バスケットで、こっそりスペース拡張

テーブル天板に引っかけて、小物用の収納スペースがつくれます。キッチン戸棚に取りつけるバスケットですが、収納部分が高さ10cmあり、A5までのモノがしっかり入ります。

パール金属　棚吊りバスケット　HW-7305

p.57 優秀！『ストリームトレイル』のクリフハンガー

一般的に女性の通勤バッグは重さが4kgもあるそう。市販の粘着式フックでは耐えづらい重さですが、このクリフハンガーなら耐荷重10kg。ずっしりするバッグも、安心してかけられます。

ストリームトレイル　クリフハンガー

p.67 『IKEA』のタブレットスタンドに、充電を隠す

タブレットスタンドはいろいろありますが、これは竹素材なのがいい。スマホやコード類のハードな印象が和らぎます。後ろのスキマも 10cm あるので、電源やコードがしっかり隠れます。

IKEA RIMFORSA タブレットスタンド

←スキマ

p.67 『無印良品』の延長コードはディティールがきれい

延長コードは表に出すので、できるだけデザインのいいものを選びたい。全体的に余計なミゾやラインがなく、それでいてコンパクトなので、表に出して使えるデザインです。

無印良品 ジョイントタップ＋延長コード

p.69 領収書のじゃばらファイルは A5 を買おう

領収書専用の小さなファイルは丁寧に入れなきゃいけないし（ざっくり管理には不向き）、A4 サイズは大きくて収納場所に困る。ということで、結論、A5がベスト。こちらはデザインもきれいです。

LIHIT LAB. キャリングドキュメント A-7588

3 キッチン Kitchen

調理の場であるキッチンは、食品からお鍋、食器、掃除用具まで
たくさんの種類のモノが集まるので、散らかりやすい場所です。

考えない
キッチン

●使うモノを手元に置く →移動ワザで正しい位置に置こう

●すぐに出せる工夫をする →増設ワザでしまう場所を増やそう

●見た目をすっきりさせる →整美ワザで整然とした雰囲気にしよう

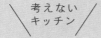

Q. キッチン全体がごちゃついてるなぁ。何からするべき？

before

捨てていない瓶や通販の段ボールなど、知らぬ間にモノが溜まる。

「移動ワザ」で解決します

1．元に戻す

ただの出しっぱなしは100％元に戻す。

移動するのは、床に置いているモノ。

A. まず、「床置き」をなくして、片づけモードに入ろう！

さぁ、キッチンも頑張っていきましょう

大きな部分（この場合は床）から片づけを始めると、確かな変化が目に見えるので、やる気が起きます。この「すっきり感」を足がかりに片づけスタート！

after
「なぞ」のモノは
目立たない場所に移動。
後で片づける。
床に置いていたモノを
それぞれ移動させる
野菜
不要品
床からモノをなくす

モノのないきれいな床になると、気分もさっぱりします。

change!

2．不要品をまとめる

不要品はいちばん小さい段ボールに
まとめて家具のラインまで引っ込める。

3．食べ物を吊す

野菜などの食品は床置きせずに
フックにかける。

Q. 今さら聞けない…。キッチンってどこに何を置く？

この基本を押さえたら、いちいち考えないでもOK！

キッチンでしまうモノは、大きく次のように分かれます。

は、調理系アイテム。調理のときに使うモノで、すぐ手に届くシンクやコンロ、ユニット下に収納。

は、保管系アイテム。頻繁に出し入れしないモノで、食器棚やレンジ台に収納。

A.

基本を知ると簡単！キッチンユニットには「調理系」食器棚には「保管系」を。

キッチンにしまうモノは、大きく「調理系」と「保管系」に分かれます。それぞれしまう場所を分ける。ここを基本として覚えておきましょう。

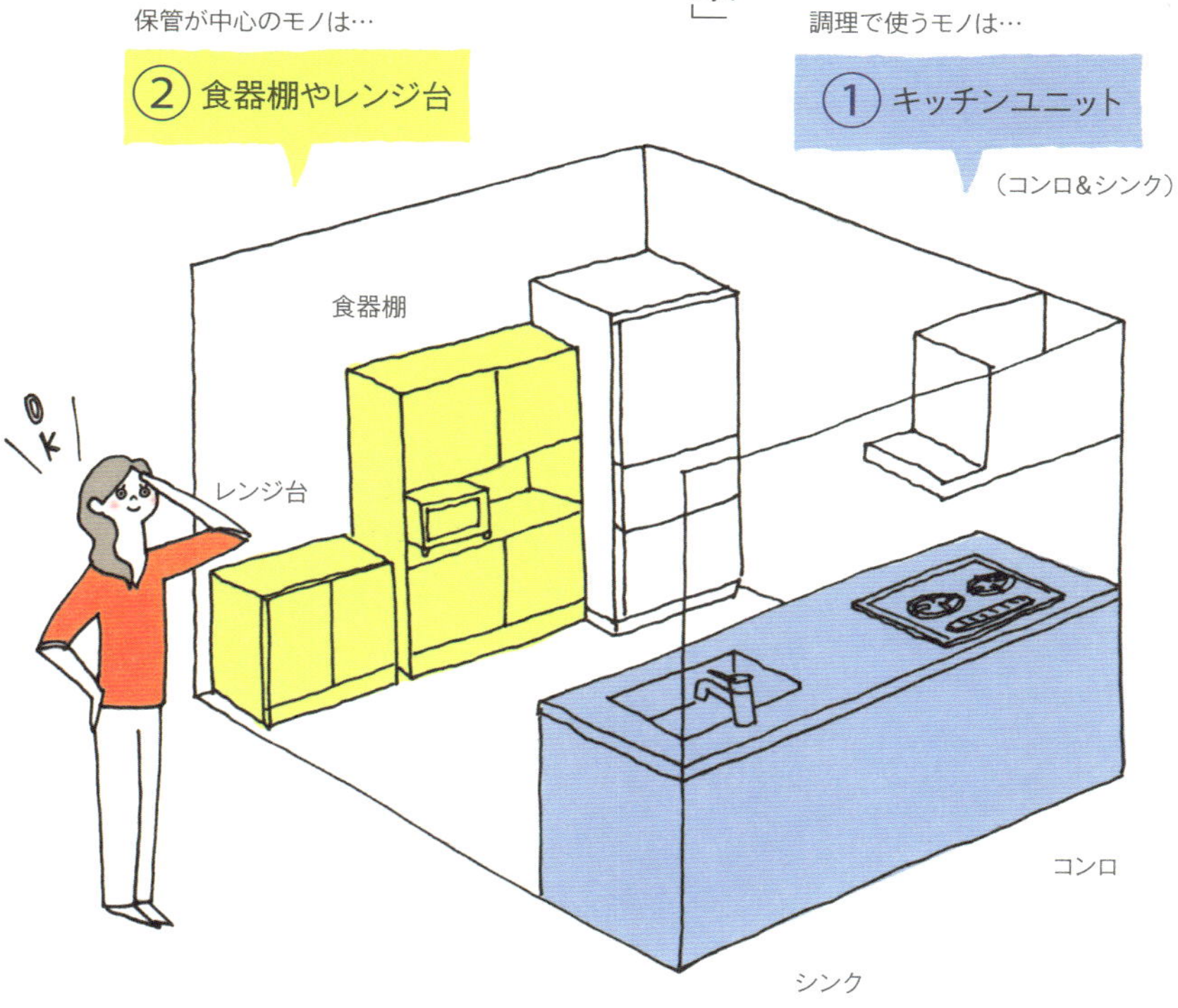

保管が中心のモノは…
② 食器棚やレンジ台
調理で使うモノは…
① キッチンユニット
（コンロ&シンク）
食器棚
レンジ台
OK
コンロ
シンク

出番の多い「調理系」と、出番の少ない「保管系」を分けることで、使い勝手がよくなります。

Q. 料理の段取りが悪くてイライラ…。何がいけないの？

原因は、あなたではなくてモノの配置だから〜

before

【　毎日使う・3点セット　】

① コップや茶碗
② 塩・砂糖
③ おたま・菜箸

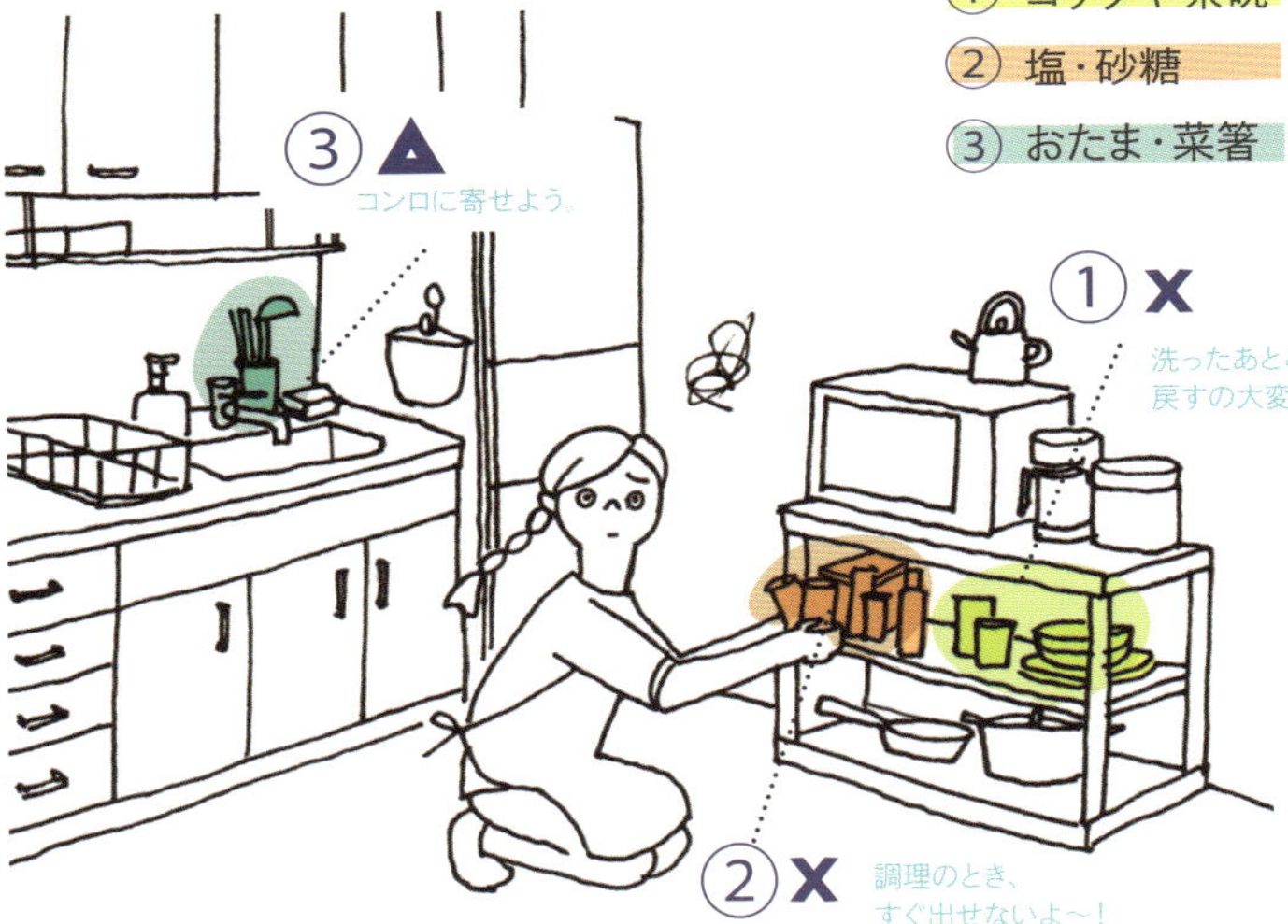
③ ▲
コンロに寄せよう。
① ×
洗ったあとここに戻すの大変では？！
② ×
調理のとき、すぐ出せないよ〜！

新しく買ったラックに、よく使うモノをまとめたんだけど…。

「移動ワザ」で解決します

1．3点セット確認

今、3点がどこに置かれてるか、確認。

Daily

移動するのは、よく使うモノ3点セット。

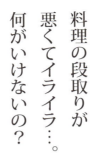

A.

「基本3点セット」をワークトップへ。動線がよくなるよ！

配置がいいと少しの動作でモノに手が届き、何度も取りに行くムダがありません。毎日使う「基本3点セット」をワークトップに集めて動線をよくしてみよう。

after

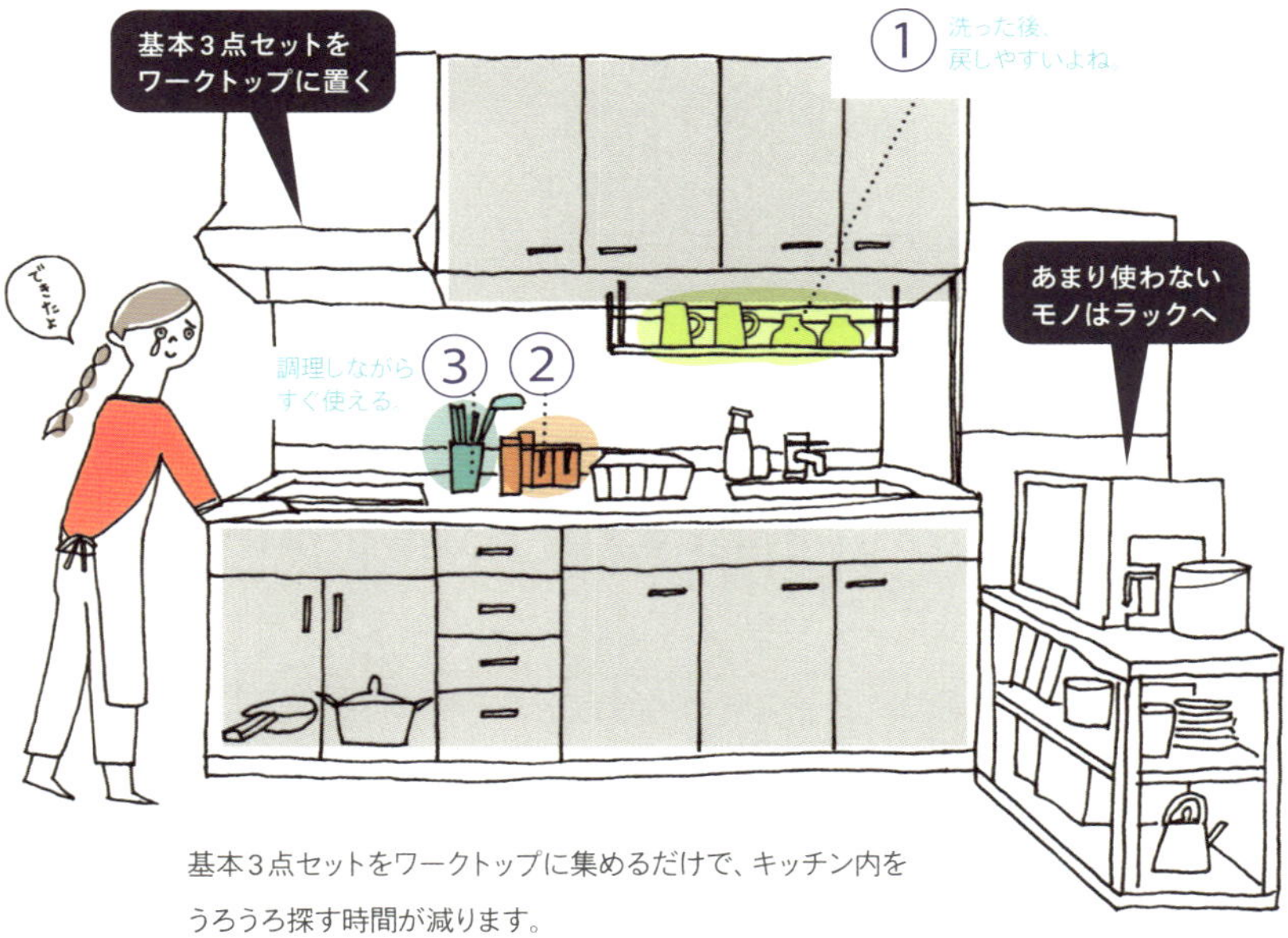
基本3点セットをワークトップに置く
①
洗った後、戻しやすいよね。
あまり使わないモノはラックへ
できたよ
調理しながらすぐ使える。
③
②

基本3点セットをワークトップに集めるだけで、キッチン内をうろうろ探す時間が減ります。

補足のひとこと

よかれと思って決めた定位置でも使いにくいことがあります。料理がしづらい、段取りが悪いと感じたら、作業をする場所にモノを移動しましょう。

change!

2. 1ヵ所にまとめる

3点すべてをワークトップに移動。

Q.

食器の多いわが家。重ねすぎてるから、出しにくい？

before

どどどどっと上に積んで、出すだけで大仕事。もう少し、さっと出せないかな…。

「移動ワザ」で解決します

1．食器をおろす

移動するのは、食器棚の食器。

棚からいったんおろす。

A. すぐ取れる状態にする、ふたつのアイデア。

食器は、「片手で持てる・見渡しがいい」を意識すると取りだしやすくしまえます。位置によって食器の見え方が違うのでふたつのアイデアで積みすぎを変えてみて。

うまくいった
after

腰高より上の棚では…

【　前低に置く　】

小皿を前に、後ろに中・大皿を置く。
前を低くすると、見渡しがよく出しやすい。

前に小皿を置く
高
低
後ろは高く積んでもOK。出番が少ないものを下に。
前は低く3〜4枚。片手で持てると後ろのお皿が取りやすい。

腰高より下の棚では…

【　大皿で引く　】

中が見えにくいので大皿1枚（複数はダメ）を
下に敷き、全体を引っ張って取りだすようにする。

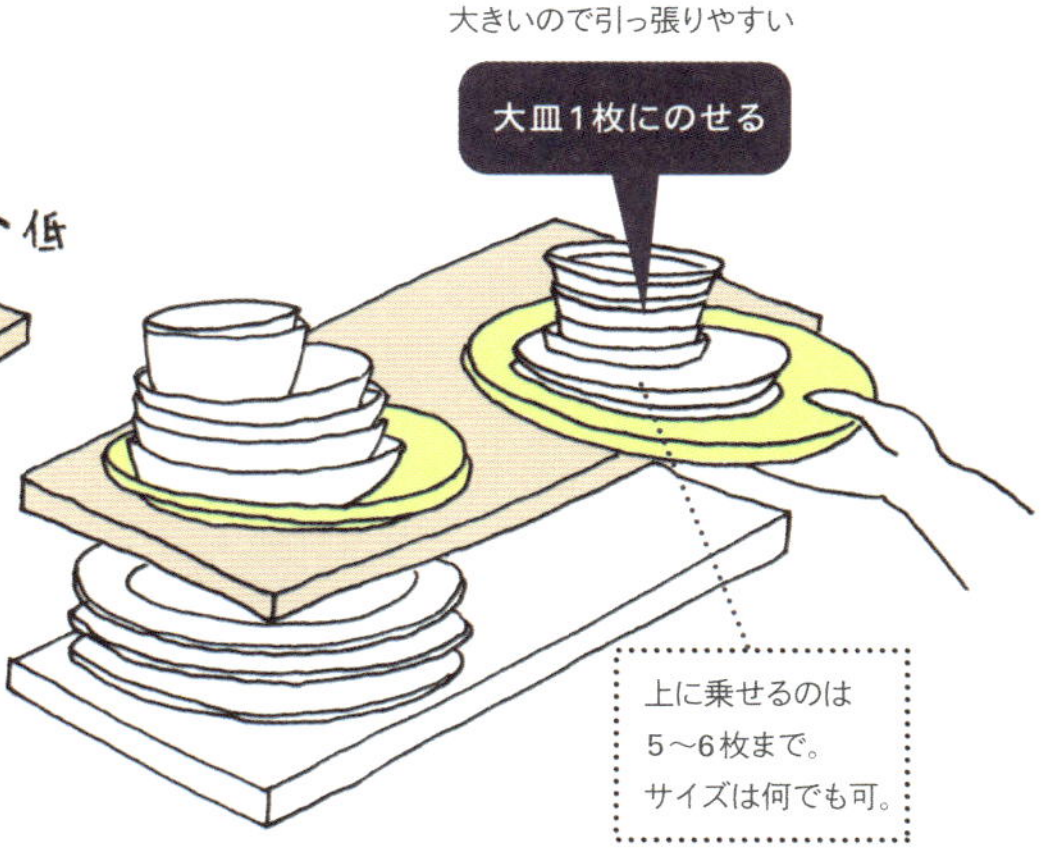

大きいので引っ張りやすい
大皿1枚にのせる
上に乗せるのは5〜6枚まで。サイズは何でも可。

補足のひとこと

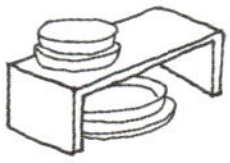

かなり多い場合は木製のコの字ラックをプラス。雰囲気を損ねず、収納スペースが増やせる。

change!

腰高より上、下で置き方を判断。

4 持ちたい派のモノ減らし。私の場合。

「集める者は、物の中に『他の自分』を見いだしているのである。集まる品はそれぞれに自分の兄弟なのである」

民芸運動の父であり、思想家の柳宗悦が書いた『蒐集物語』一文です。難しい言葉なのでかみ砕いていうと「自分を投影するモノを手元に持っておきたい」といったくらいの意味でしょうか。蒐集癖はありませんが、モノを持つことに肯定的な私は、「自分の兄弟なのである」という部分にとても共感を覚えます。自分が好きで買ったモノが、見えない糸で結ばれ緩やかに親和するイメージがして心地よいのです。

そんなモノ好きの私ですが、唯一必要以上に持たないと決めている場所がキッチンです。理由は明快、モノが増えすぎると調理スペースがどんどん減ってしまうからです。好きなお皿をたくさん持つことよりも、料理がきちんとつくれる環境にしておきたい、足下が狭くなったり、すぐモノに当たるような状況では、窮屈で思うように動けないのでモノより「場」を優先しています。

そもそもキッチングッズはデザインもよく欲しくなるモノばかりですから、私の場合これくらい気持ちを引き締めておいてちょうどいいのかもしれません。

ただ、単純に持たないのでは、キッチンや食卓が味気ないモノになってしまいます。数がないなら、とびきりのひとつを選んで、満足度を上げるしかありません。ということで、おろし金のマイベスト、キッチンばさみのマイベスト…とキッチン用品のひとつずつにマイベストを求めて、わが家のラインナップはのろのろと進行しています。

そんな様子に主人は呆れかえっていますが、私としては少ないけれどじっくり増えていく「自分の兄弟」たちと今日も明日も楽しく料理を作っています。

Q.
シンクがモノだらけ。使いやすく、すっきりさせたい…。

before

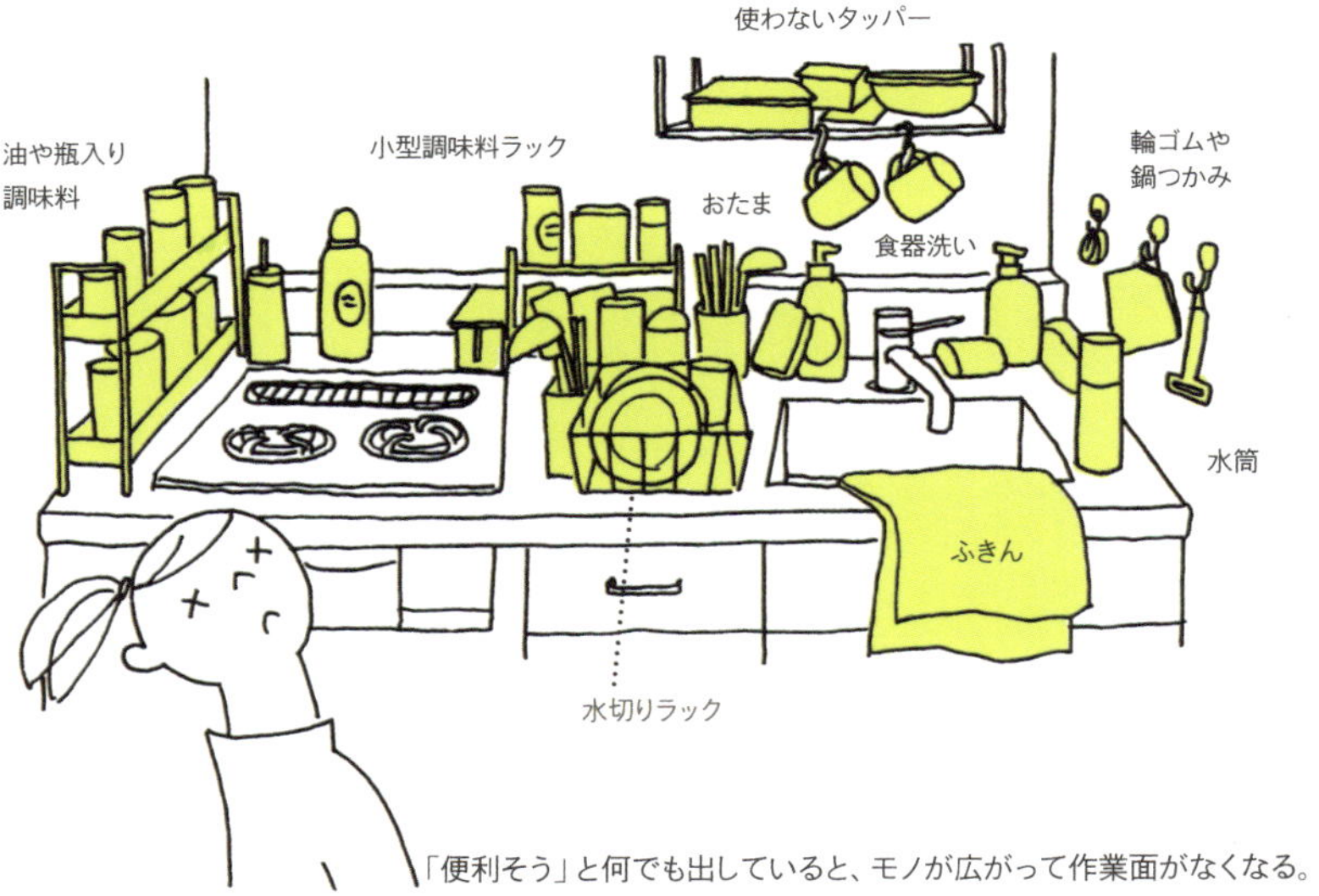

「便利そう」と何でも出していると、モノが広がって作業面がなくなる。

「移動ワザ」で解決します

1. 使わないモノ撤去

毎日使わないモノは扉の中へ移動。
（タッパーや栓抜き、水筒など）

移動するのは、ワークトップのモノ。

A.

「全部、出す」から「基本、隠す」へ。料理もしやすくなる！

ワークトップには、毎日使う最低限必要なモノだけを出すようにします。キッチンユニットは狭いのでモノが減れば、作業面が広がって料理がしやすくなります。

after

「最低限」＝毎日必ず使うモノ、だけ
最低限必要なモノはこれくらい
すぐ使う食器
おたま
調味料
食器洗い
水切りラック
ふきん

調味料のラック類をなくすと、かなりすっきりします。また同じモノをいくつも出している「かぶり」を外せば、モノが減ります。

change!

3. 道具を厳選

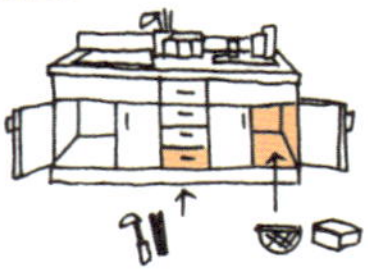

重複して持っている道具を中にしまう。

2. 調味料を厳選

大
小

塩、砂糖、しょう油だけ残し、その他「小」は引き出し、「大」は扉の中へ。

Q. シンク下、何となく入れちゃってスキマだらけ。

before

コンロ下は調味料やお鍋など、大きくてしまいにくいモノが多い。

シンク下はタッパーやざるなど、小さくてしまいやすいモノが多い。

「増設ワザ」で解決します

1．ラックを足す

シンクとコンロ下にコの字ラックを入れる。

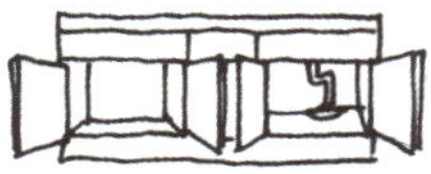

増設するのは、シンク下の収納スペース。

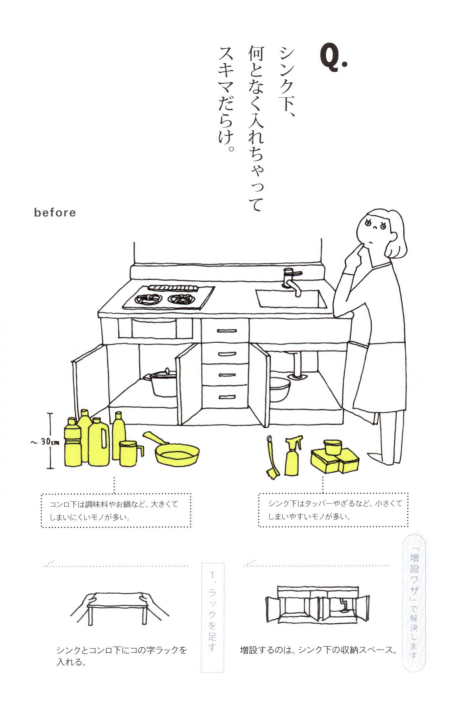

A. 最初にするのは、コの字ラックで収納量を倍にすること。

シンク・コンロ下は、市販のコの字ラックを入れて収納スペースを増やします。とくにコンロ下は、大きいモノが多いので面倒でもサイズを測っておくと失敗しません。

after

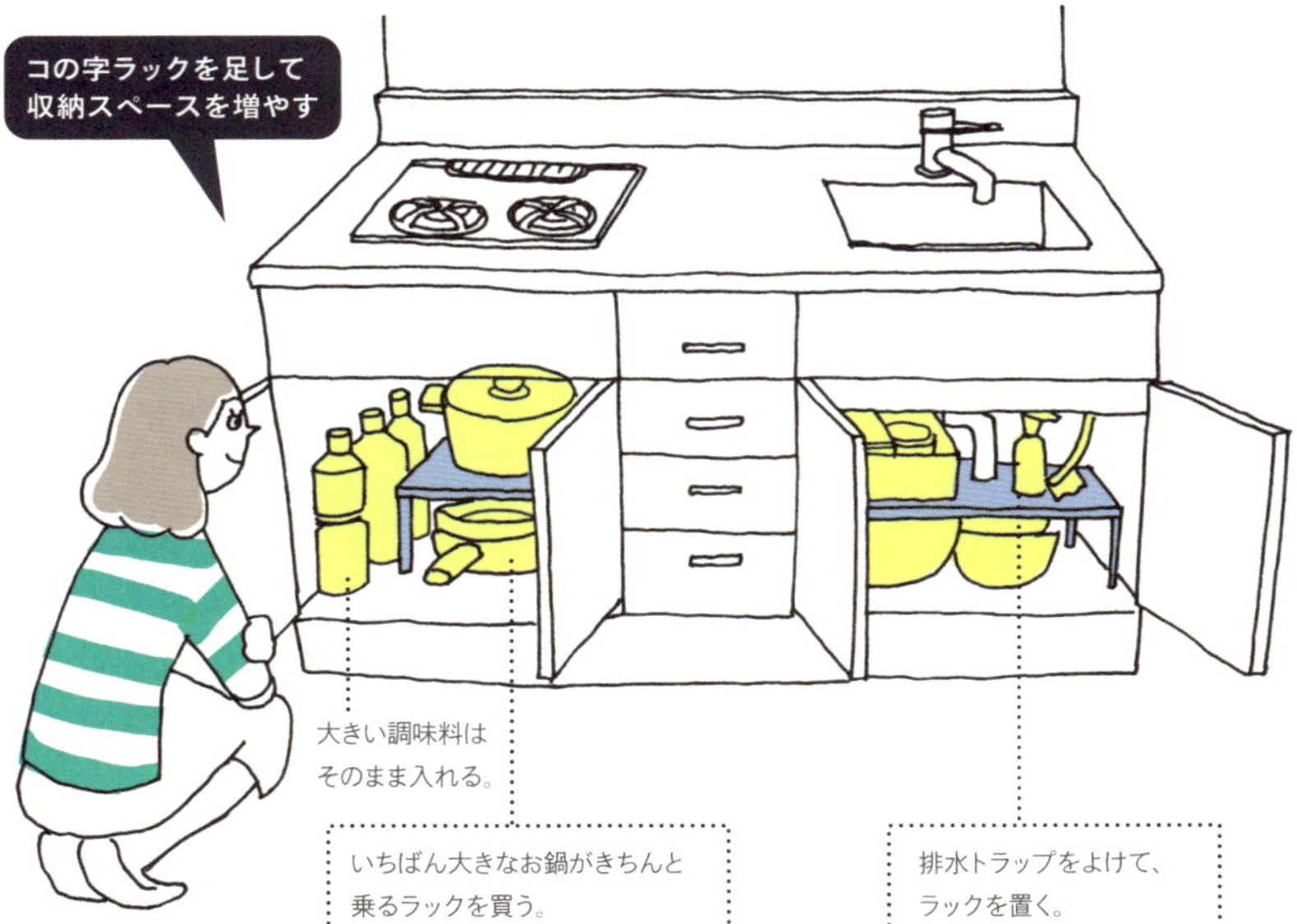
コの字ラックを足して
収納スペースを増やす
大きい調味料は
そのまま入れる。
いちばん大きなお鍋がきちんと
乗るラックを買う。
排水トラップをよけて、
ラックを置く。

ここは測って

ラックを買う前にコンロ下Ⓐとお鍋のサイズⓑを測っておきましょう。

［Ⓐ－Ⓑ＝ラック高さ］

Ⓐ
Ⓑ

change!

2、モノを移動

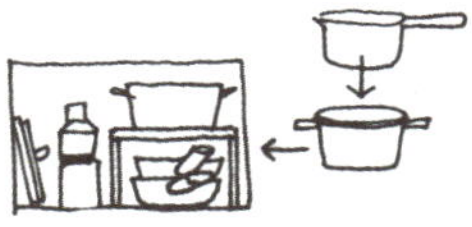

ラックの上と下に、モノを置く。
（出しづらくなるので、モノを重ねるのは２個まで）

Q.

手が届かないよ…。シンク上の吊り戸棚はどう使う？

before

手も届かないし、使いづらい…。

「詰めワザ」で解決します

1. ストッカーに入れる

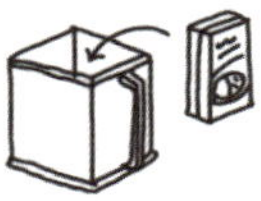

食品などのモノをストッカーに入れる。

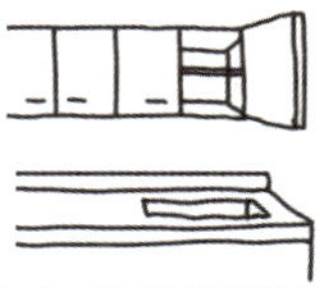

詰めるのは、吊り戸棚の中。

A. 吊り戸棚ストッカーでスキマを詰めたら保管庫に早変わり！

手の届きにくい吊り戸棚は、大きな持ち手がついた「吊り戸棚ストッカー」でスペースを有効に使います。奥のモノが出しやすくなり、吊り戸棚の活用度が高まる！

after

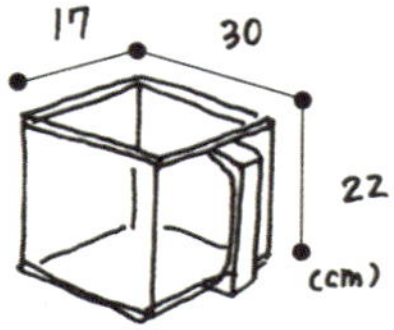

市販の吊り戸棚ストッカー

ストッカーを3〜4 個そろえるとかなり収納力がアップします。入りきらなかった食品や行き場のない食器やタッパーをしまうとキッチン全体が片づきます。

上段はどう？

下段は吊り戸棚ストッカーを使いますが、上段はこれを使っても出し入れしづらいので、出番の少ないお正月用品、クリスマス用品などをしまいましょう。

change!

2. モノを移動

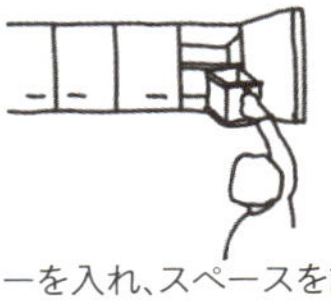
ストッカーを入れ、スペースを詰める。

Q.

ザルやふきん、ぬれたモノはどうしまう？

before

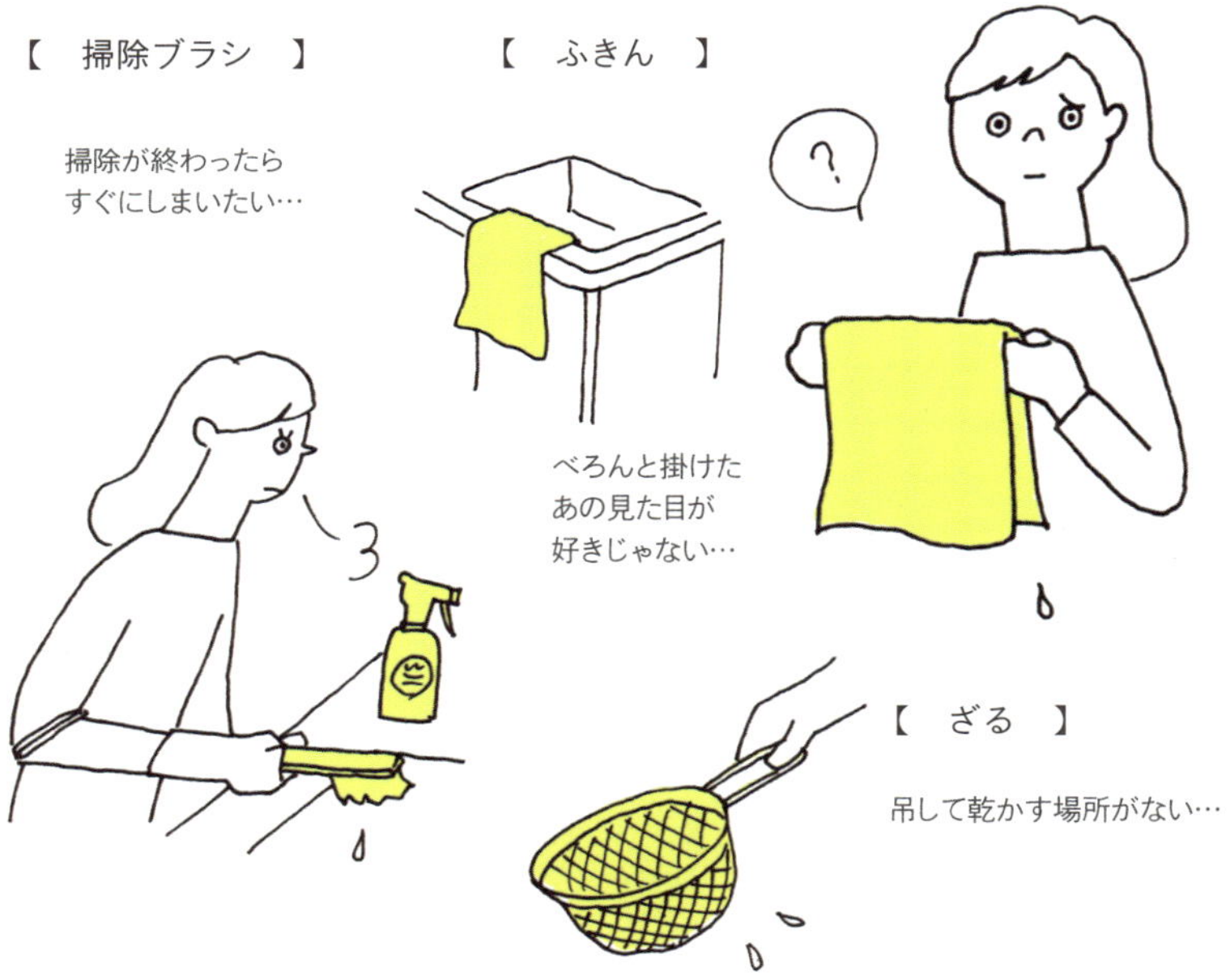
【 掃除ブラシ 】
掃除が終わったら
すぐにしまいたい…
【 ふきん 】
?
べろんと掛けた
あの見た目が
好きじゃない…
【 ざる 】
吊して乾かす場所がない…

「整美ワザ」で解決します

ふきん
掃除ブラシ
ざる

整えるのは、ぬれるアイテムの定位置。

1．受け皿を用意

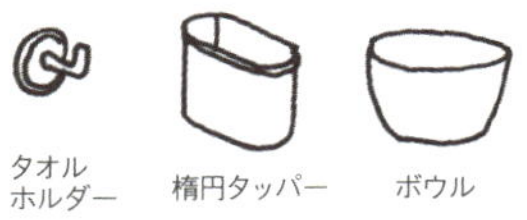
タオル
ホルダー
楕円タッパー
ボウル

受け皿になるアイテムを用意する。

A.

定位置はシンク付近。受け皿プラスで見た目よくしまえる。

ぬれたモノは、吊って乾かす場所がそのまま定位置になります。その見た目があまり好きでない人は受け皿となるアイテムを足すと生活感を出さずにしまえます。

after

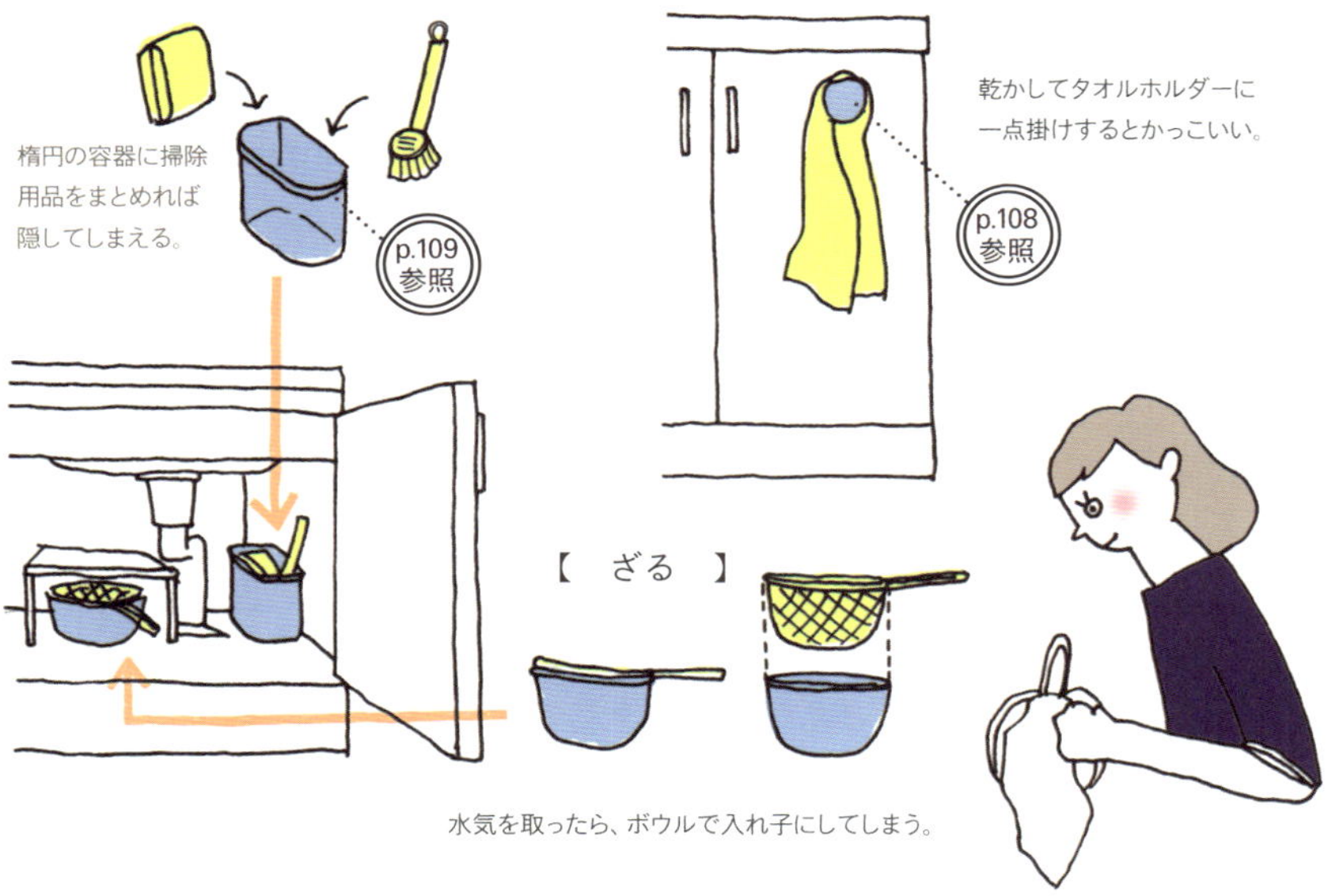

【　掃除ブラシ　】
楕円の容器に掃除用品をまとめれば隠してしまえる。
p.109参照
【　ふきん　】
乾かしてタオルホルダーに一点掛けするとかっこいい。
p.108参照
【　ざる　】
水気を取ったら、ボウルで入れ子にしてしまう。

受け皿の注意

市販の掃除道具入れやふきんハンガーはゆったりサイズのものが多いです。しまう場所が狭いときは、手持ちから何か代わりになるモノを探して。

change!

目立たないよう、目線より下にしまう。
（見せたくない場合は、扉の中にしまう）

Q.

シンクまわり、出しながらいい感じに整えるコツは？

before

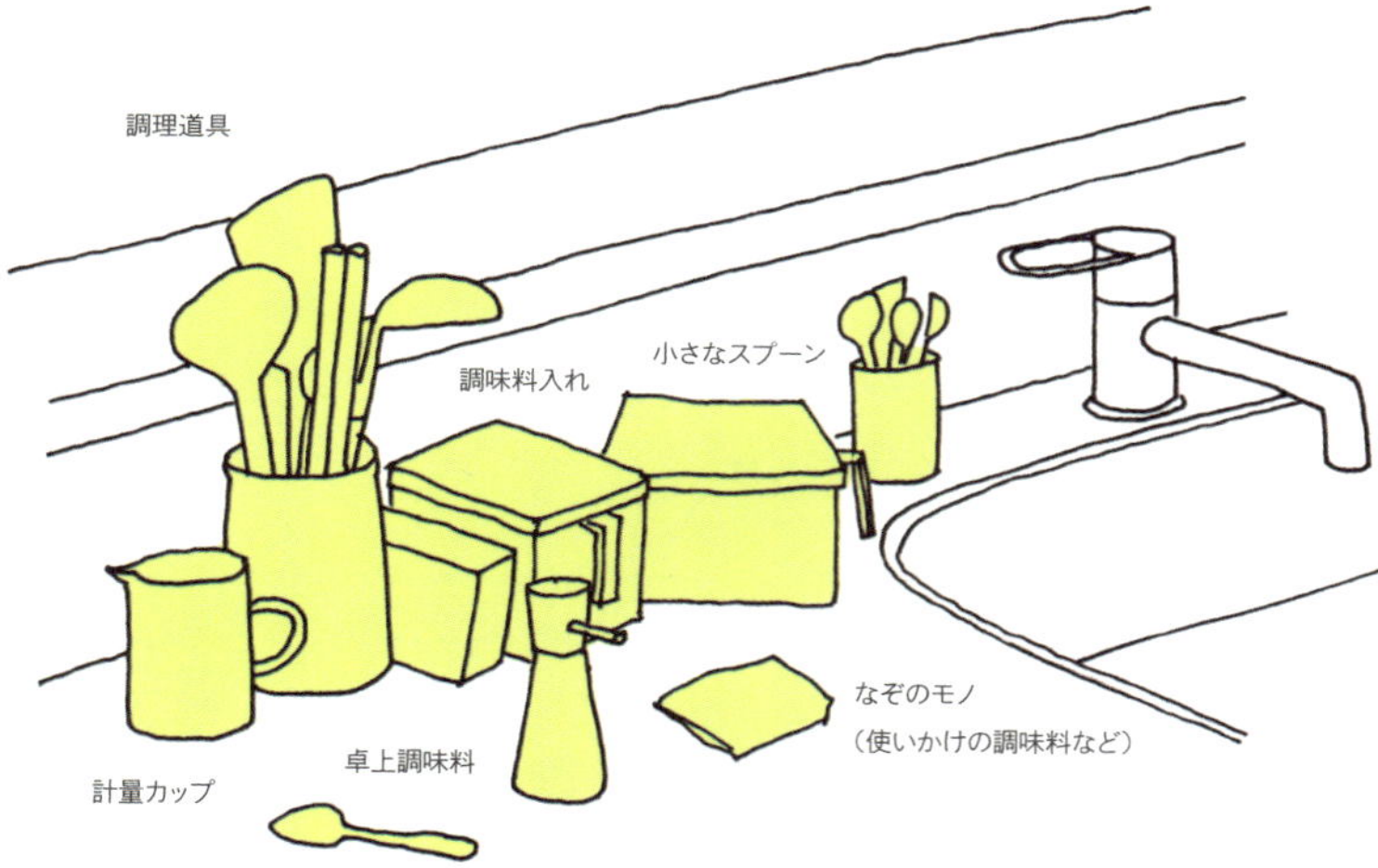

使った後のモノがあちこちを向いて、いつもこんな感じに散らかってます。

「整美ワザ」で解決します

1. サイズを測る

出してあるモノを一列に並べて計測。
（すべて乗るサイズは？　奥行きも測っておく）

整えるのは、ワークトップに置いたモノ。

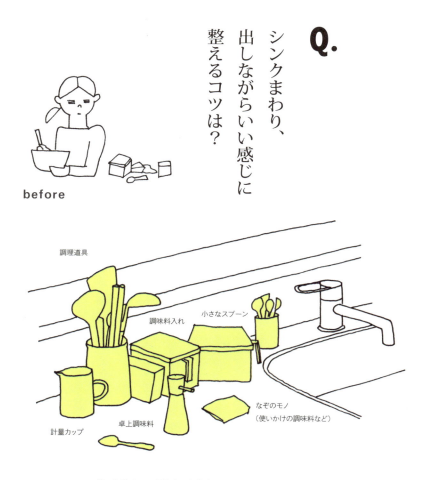

A.

長いキャンドル皿が意外と使える！範囲が決まってきれい。

四角い長皿を敷くだけで、いろいろなモノを乗せてもまとまって見えます。モノを置く範囲が決まるので、余計なモノを置かなくなり、散乱防止にもなります。

after

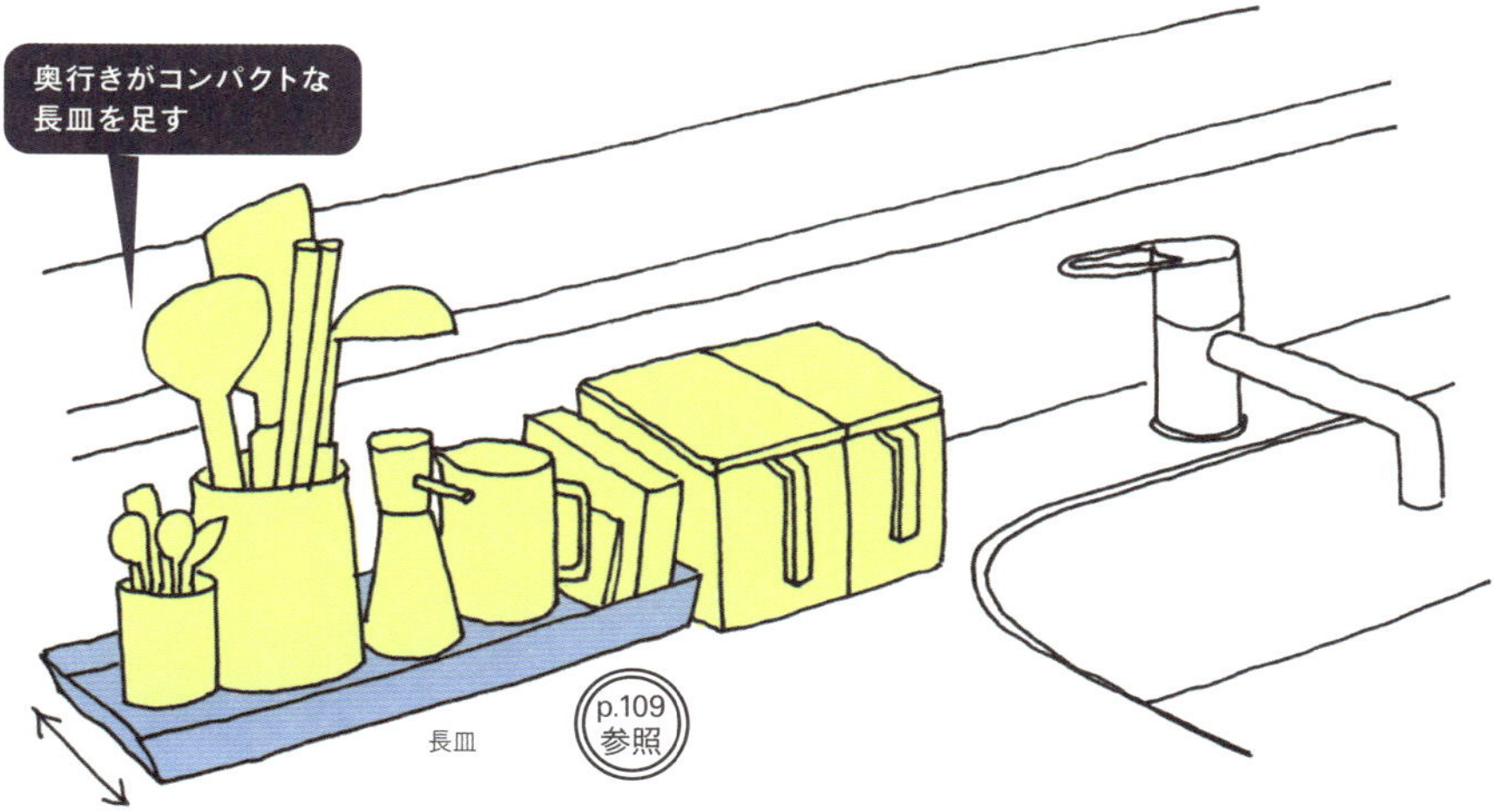

奥行きがコンパクトな長皿を足す
長皿

p.109参照

長皿が、額縁のように全体を1つにまとめてくれます。
横の四角い調味料入れと相まって、規律のある整然とした印象に。

長皿の選び方

長皿の奥行きは 10cm 前後だとシンクに置いてもじゃまになりません。高級感を出すなら、プラスチックや小皿より陶器がおすすめです。

change!

2. 長皿に乗せる

シンク上に置いたモノを長皿に乗せる。

Q. お米ってどうやってしまってます？

before

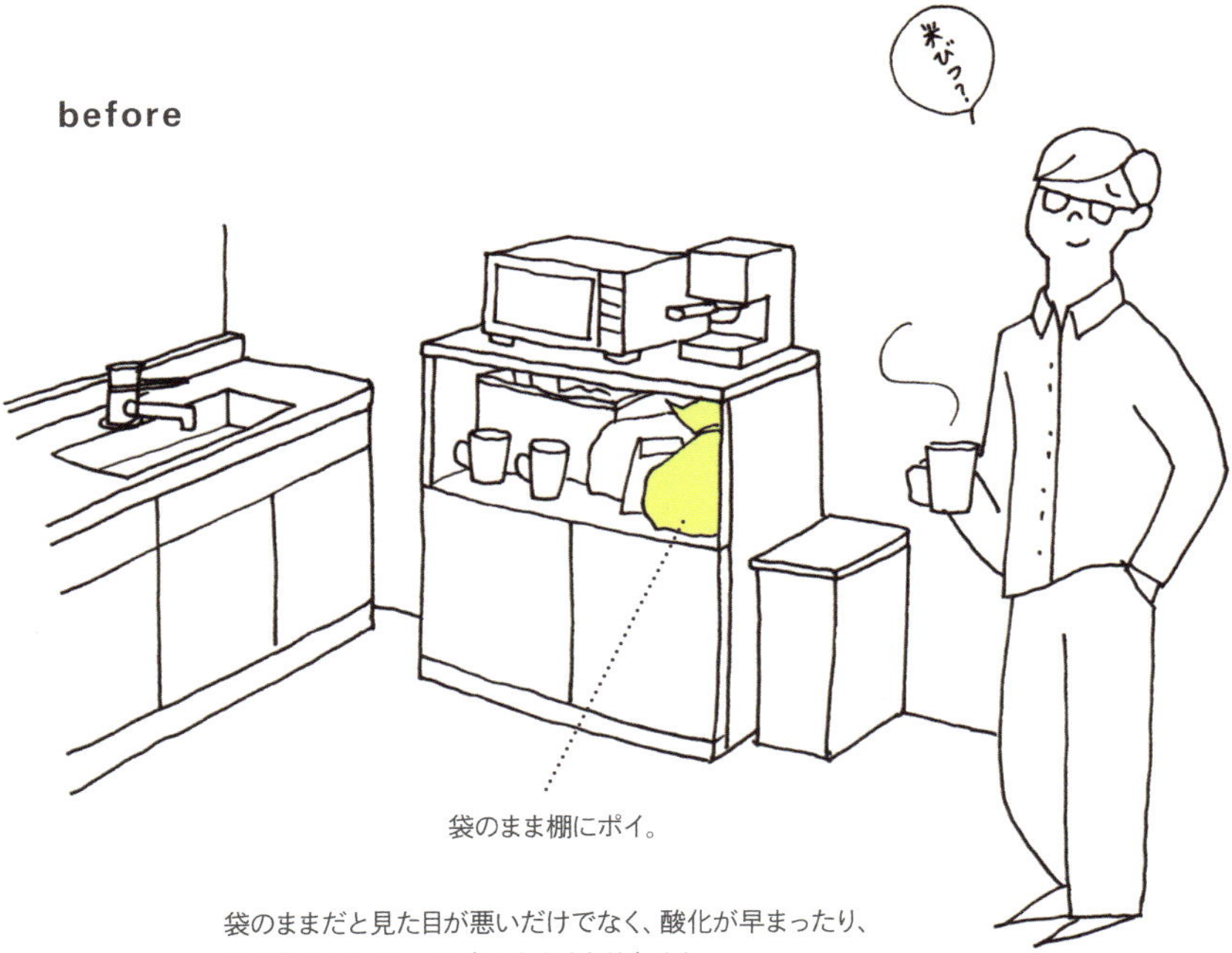

袋のままだと見た目が悪いだけでなく、酸化が早まったり、虫が侵入したり、とお米にもよくありません。

1. しまう場所を確認

うちに置けるのは、入れるor 出す？

「整美ワザ」で解決します

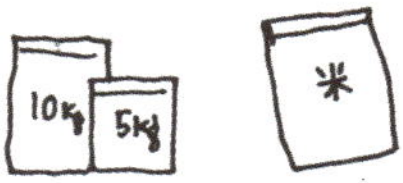

整えるのは、お米の収納容器。

A. 使い勝手&見た目がいい米びつでグレードアップ。

お米をどこにしまうかで、収納容器を選ぶポイントが変わります。家具の中に入れるなら「形」、表に出すなら「素材」に気をつけて選びます。

マジで？

after

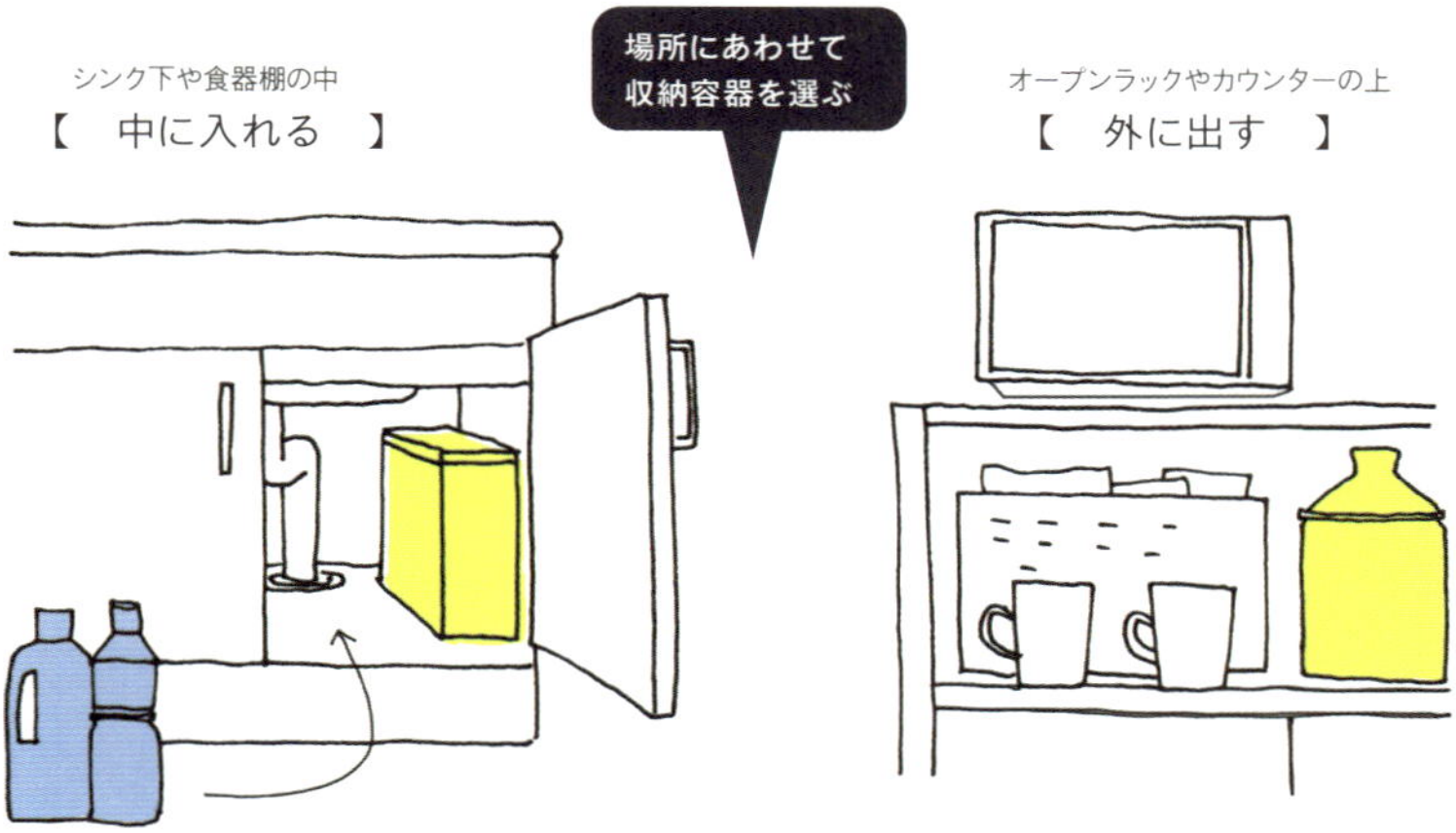
シンク下や食器棚の中
【 中に入れる 】
場所にあわせて
収納容器を選ぶ
オープンラックやカウンターの上
【 外に出す 】

中に入れるならこだわるのは容器の「形」。四角形なら納まりがよく、他のモノも入りやすい。

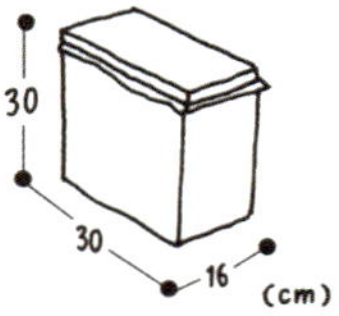
30
30
16
(cm)

ホーローやガラスの「素材」にこだわると雰囲気よくまとまる。丸形は洗いやすくて衛生的。

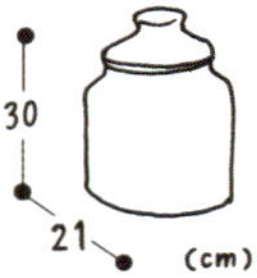
30
21
(cm)

補足の
ひとこと

お米は重さがあるので腰高より上には置かないように。下に置く場合はキャスターつきだとラク。

change!

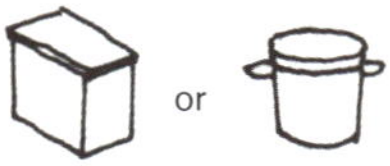
or

出すなら「素材」、入れるなら「形」で選ぶ。

2. 容器を選ぶ

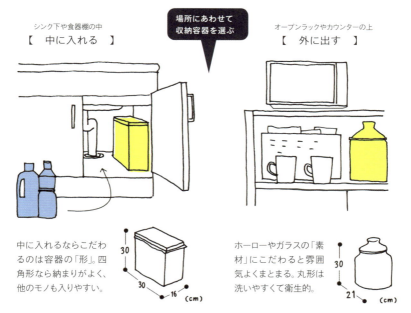

5 整理した先にあるもの・2015

7年前、「整理の後、私たちが手にするのは『家を楽しむ余裕』なのです」と自著の『もっとカエテミル』に書きました。

写真を整理したら思い出を振り返る時間が増える。片づけに追われる時間がなくなれば、それを趣味の時間に使える。片づけを終えた後の過ごし方こそが本番ですよ、ということをお伝えしました。

インテリアコーディネーターの私にとって、収納はゴールではなく、すべてのスタートです。

収納がうまくいくからインテリアコーディネートがびしっと決まり、収納に困らないから、そこに住む人はゆったりとした時間を過ごすことができます。収納に困って立ち止まると、どちらも楽しんでもらうことができません。だから収納を早く解決

[COLUMN]

してほしくて、これまで収納の本を何冊か書かせていただきました。

「部屋が片づいてない」という若い女の子に話を聞くと「ごちゃごちゃでインテリアどころじゃない」「おしゃれな部屋なんてほど遠い」と言います。確かに今は目の前のことが大変だから、それを片づけることが最優先です。でも、もしこの本でうまく片づけが終わったら、その先にはさらに楽しい時間や、インテリアの世界が待っていることもちょこっと覚えておいて欲しいなと思います。

今回、この本で使う4つのワザに、見た目を整える「整美ワザ」というのがあります。片づけるだけなら、なくてもいいのかもしれませんが、飾ることや見た目を整えることが、収納や片づけに近いものだと知ってもらいたくて入れました。目にうるさいモノを額の裏に隠す、飾るモノを日用品と分ける。片づけの後のもうひと手間で、部屋が変わるのを体感してみてください。

インテリアの世界はかっこいい雰囲気をつくったり、自分の好みを部屋いっぱいに広げたり、収納とはまた違った面白さがあります。スケールが大きくなって、ワクワクも大きいです。片づけ・整理の先にそんな世界が待っていますからね！

Q.

ポイ置きしすぎて、レンジまわりのモノがすぐ出てきません。

before

食器、食品、保存容器、雑品…わからないまま、とりあえず目につく場所に入れてます。

A. 料理の前・中・後。使うタイミングで整理しよう！

レンジまわりにしまう食品や雑品は「調理前・調理中・調理後」でざっくり3つに分けます。それぞれを近くにしまっていけば、おのずと整理ができていきます。

after

「移動ワザ」で解決！

【 3つに分ける 】

調理**前**

お米・缶詰

調理**中**

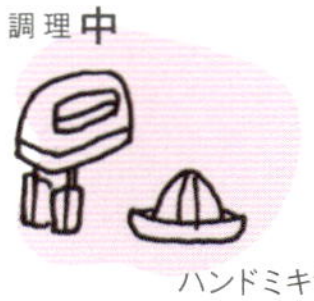

ハンドミキサー
ブレンダー
絞り器

調理**後**

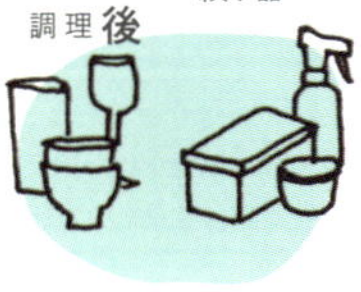

食器・タッパー
掃除グッズ・水筒
弁当小物・ランチョンマットなど

【 それぞれ、近くに集めて収納 】

食器は移動が大変なので今のままでOK。

毎日使う家電は手の届きやすい位置に。

「中」は調理中、すぐに出せるよう取りやすい位置に。

食器以外の「後」のモノは細かいモノが多いので、手の届きやすい位置に。

「前」は、重いモノが多いので下へ収納。米びつのそばに集めていくイメージで。

Q.

定位置も決めたのに
うるさい感じが
なくならない…。

before

使いやすい定位置が決まったけど、どうもごちゃごちゃして見える…。

「整美ワザ」で解決します

1. 原因を探す

見た目がうるさいモノを見つける。
（わからないときは写真を撮って）

整えるのは、食品棚に置いたモノ。

A.

お試しを！ 目に入る「情報」を減らせばすっきり。

片づけたのにごちゃついて見えるときは、「色・文字」を減らします。派手な色やパッケージの文字など「目に入る情報」が多いと見た目がうるさくなるからです。

after
①
文字のうるさい
紙類をまとめる。
②
中身が丸見えになる
ガラス瓶を白い陶器に替える。
③
にぎやかな色の
パッケージを
後ろへ。

①紙や書類はにぎやかなので、まとめるとごちゃつきがなくなります。
②ガラスなど、透明の容器は中が丸見え。不透明に替えるとすっきりします。
③文字や色がにぎやかなパッケージは後ろに移動するだけで、目立たなくなります。

お助けアイデア

あー

スマホで写真を撮ってみましょう。百聞は一見にしかず、何がうるさい見た目か、すぐにわかりますよ。

change!

2．隠す・移動する

容器替えや位置変えなどで、目に入らないようにする。

Q.

生活感を
布で目隠し…
はて、どうすれば？

before

目立ちすぎる家電。布でもかけてみようかなぁ。

A. 丈はすれすれ色はモノトーンで少し柄ありがいい。

布での目隠しは、甘い感じよりもきりっとした雰囲気にしたほうが部屋や家電にあいます。丈は長すぎず、色もモノトーンにすると失敗が少ないです。

after

「整美ワザ」で解決！

白地にグレーの柄が入った布で目隠し
モノトーンの布をかける
p.109参照

白い壁にあわせて、白地にグレーの柄が入った布を選択。

カラフルな布や大きな柄は、部屋との調和が難しいですがモノトーンの布だと手堅くまとまります。地味にならないよう少し柄入りでセンスよくまとめて。

外置きしているなら
【 布かけタイプ 】

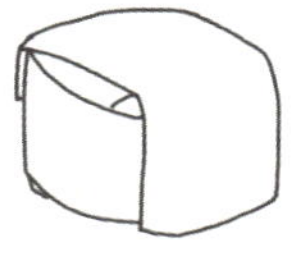

家電の幅にあわせて布を折り、そのまま上にかける。

収納家具の中にあるなら
【 カーテンタイプ 】

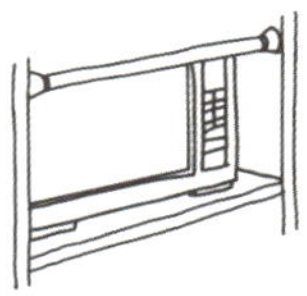

突っ張り棒を渡して①or②の方法で布を通す。

①布を輪にする

or

②クリップでとめる

Q.

L型のキッチン。死角スペースがもったいない。

before

パスタ鍋を入れてみたけど、奥はまだまだ入りそう。もっとうまく使えないかな？

「移動ワザ」で解決します

1．中を整える

今、入っているモノを端に寄せる。

移動するのは、防災グッズ。

A. 容量があるので防災グッズをしまいましょう。

L字キッチンの角は手が届きにくく、何をしまえばいいか悩ましいところ。それならばいっそキッチン用品ではなく、ふだんは使わない防災用品を入れてみましょう。

after
防災グッズをしまう
×
大きなタンク
水
非常食
防災リュック
懐中電灯
こんなモノをしまいます

これだとラク！

L字の収納スペースは大容量ですが入口がすこし狭いです。いざというときすぐ出せるよう水はタンクでなく2リットルのペットボトルにしておきましょう。

change!

奥には重くて大きなモノ（水）を入れ、手前に小さなモノ（非常食）を入れる。

2. 防災グッズを入れる

3章キッチンで登場したアイテム

出して使うモノは、キッチンが楽しくなるようデザイン重視で、
中にしまって使うモノは機能重視で、選びます。

p.91 吊り戸棚ストッカーで、スペースを使いきる

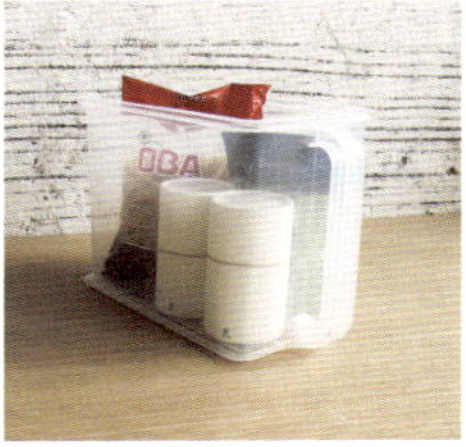

しっかりした持ち手が特徴の「吊り戸棚ストッカー」。手の届きにくい吊り戸棚を使いやすくする救世主アイテムなので、どこのホームセンターでも見かけます（幅17×奥行き31.5×高さ22cm）。

エビス　つり戸棚ストッカー HS-370

p.93 吸盤タイプで見た目のいい『PROPPER』フック

吸盤タイプのフックはなかなかいいデザインに巡りあえませんが、オランダ製「PROPPER」のフックは吸着もよく見た目もいい感じ。フック部が大きい（φ4cm）のでふきんがふわりと掛けられます。

Propper フック　791478　グレイ

p.93　ブラシ入れにぴったり、100 均の小麦粉タッパー

楕円の容器は、中の掃除がしやすいという利点があります。これは元々、小麦粉専用のタッパーですが、フタを取り、掃除ブラシを入れています。シンク下に隠したり、ちょい置きにいいサイズ。

セリア　小麦粉タッパー

p.95　『IKEA』のキャンドル長皿で、シンクさっぱり

シンクまわりのモノを乗せる長皿。43cm あるので店頭では大きく感じますが、奥行きが 11cm なので実際に置くとすんなりなじみます。キャンドル皿以外では洗面用のトレイ（陶製）などでも可。

IKEA キャンドル皿　IDEAL

p.105　『UMBRA』の突っ張り棒は、かっこいい

突っ張り棒＝野暮ったい、という印象を払拭してくれるカナダ「UMBRA」のテンションロッド。残念ながら小さいサイズはありませんが 61cm 以上のオープン棚に使えます。

UMBRA　テンションロッド

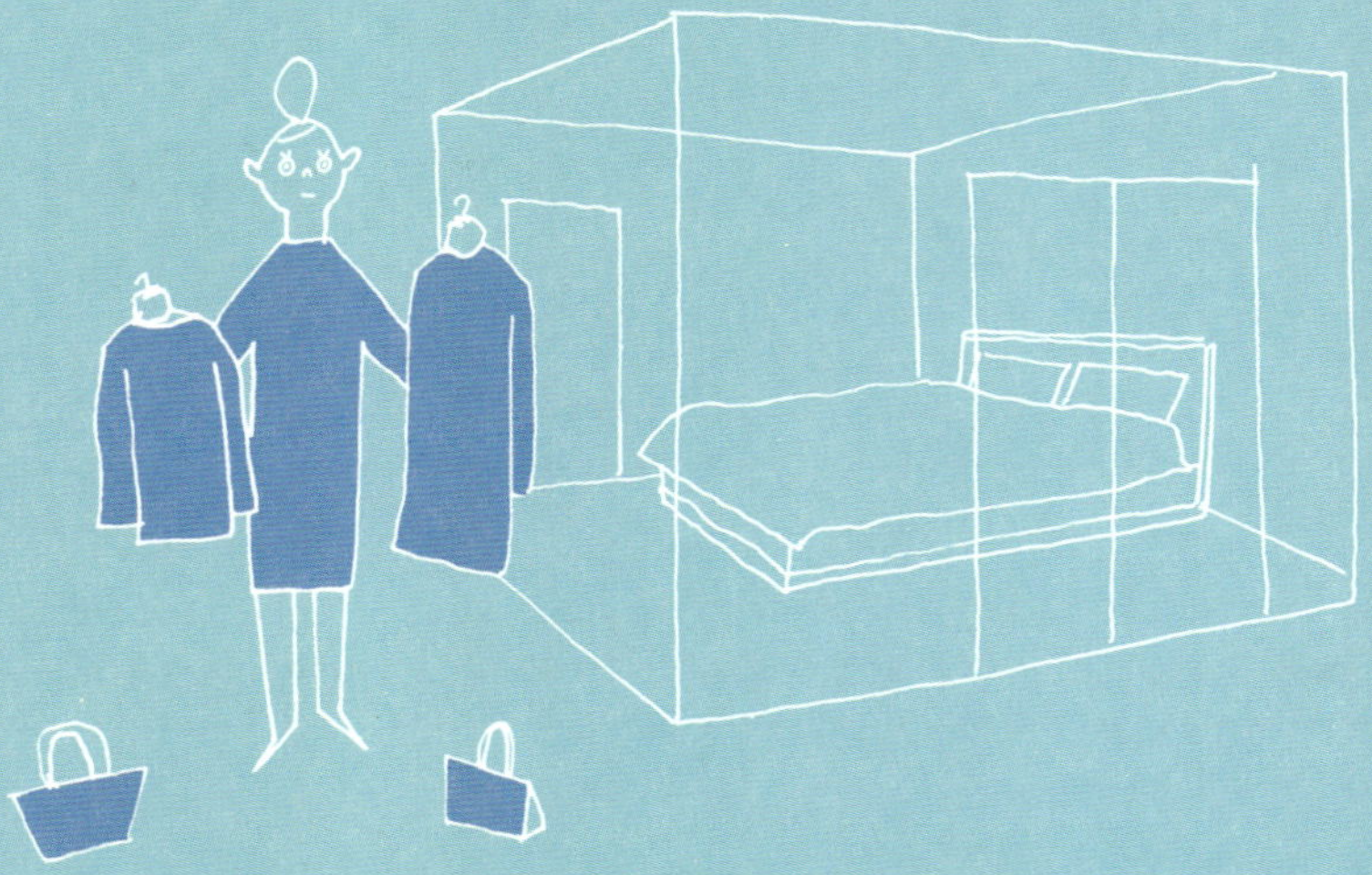

4 クローゼット 押入・物入

Closet

クローゼットは、モノの種類は少ないですが
量が多いので困りやすい場所です。

考えない
クローゼット

●モノをごちゃ混ぜにしない　→移動ワザで同じ種類をまとめよう

●小物は定位置を決める　→増設ワザでしまう場所をつくろう

●なんとかしまいきる工夫をする　→詰めワザで入れてしまおう

●押入・物入れの活用度をあげる　→詰めワザで賢く使おう

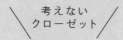

Q.

扉を開けると団子状態です…。どうすればいい？

どこに何があるか、
毎回考えてる時間が
もったいない〜！

before

モノがごちゃごちゃになったクローゼットでは、何かがなくなったり、探したり…の繰り返し。

「移動ワザ」で解決します

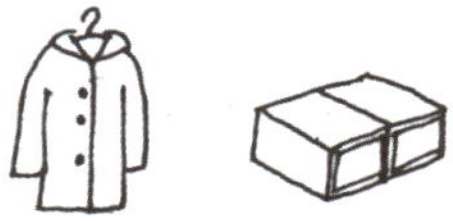

移動するのは、吊す服と衣装ケース。

1．吊す服を移動

服の丈を「長→短」順に並べかえる。

A. 吊す服の丈をそろえ、できた空き地に衣装ケースを！

服を丈をそろえて長さ順にかけ直すと、下にできる空間が大きくなり、スペースが有効に使えます。衣装ケースも無理なく入り、どこに何があるか一目瞭然です。

after
上の棚はサブ、or雑品入れとして活用する。
この片づけでふだん使いの服がここに集まる。
吊す服を並べ替える
楽勝っス
短
長
衣装ケースを移動

これを機に、「下の空間」にはふだん使いの服だけをしまうようにしましょう。
クローゼット内の棲み分けが明確になると、リバウンドしなくなります。

ダブルの効果

丈で並べ替える際、ハンガーに掛けた服と服の間に手を入れて、ゆがみを取っておきましょう。服が真っ直ぐだと余計なスペースを取りません。

change!

短い服の下に衣装ケースをまとめる。

2．衣装ケースを移動

Q. 入りきらない服はやっぱり捨てたほうがいいですか？

before

残った服をしまいたいけど、入りきらない。捨てたいけど、捨てられない…ああ、行き詰まり。

1．着ない服を探す

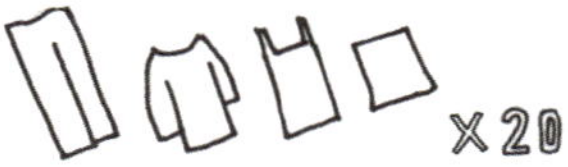

着ない服を20枚くらい探す。
（枚数は圧縮袋の容量によって変わります）

「詰めワザ」で解決します

セーター・カットソー
デニムなど、しわが
気にならない服がいい

詰めるのは、今、着ない服。

A.

圧縮すれば捨てずに解決。今、着る服も取りやすい。

服が多すぎてどうしようもないという人は、圧縮してみましょう。布団圧縮と同じ要領で、かさが1／3まで減るので、保管のスペースを取りません。

after

【 クローゼットにしまう 】 ← 【 圧縮する 】

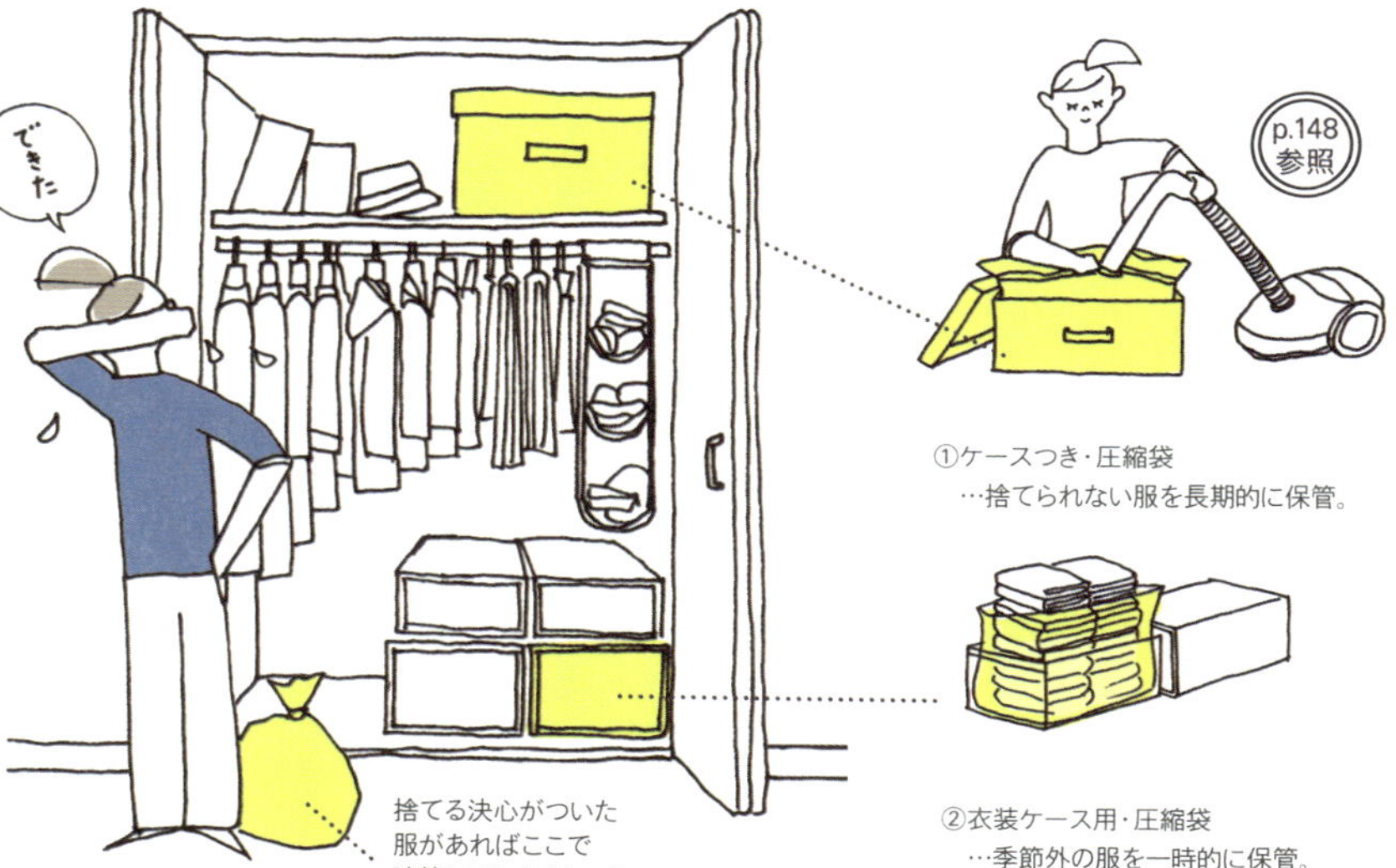
できた
p.148参照
①ケースつき・圧縮袋
…捨てられない服を長期的に保管。
②衣装ケース用・圧縮袋
…季節外の服を一時的に保管。
捨てる決心がついた
服があればここで
清算しておきましょう。

これだとラク！

クローゼットの片づけが進まない原因は、服の量が多すぎるから。着ない服を思いきって圧縮保管すれば、見える場所には今、着る服だけが置けます。

change!

2．服を圧縮

上記①②いずれかの圧縮袋で、服を圧縮してクローゼットの中へ移動。

Q.

冬、到来。あれ？去年買ったタイツが見当たらない…。

before

肌寒い日は急にやってきます。春に洗濯してまとめてたタイツはどこだ？？

「増設ワザ」で解決します

1．ボックスを用意

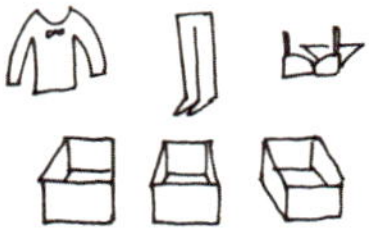

ボックスごとに、モノを分けて入れる。
（ボックスはふたつきだと、積みやすい）

増やすのは、季節の小物の定位置。

A.
季節の小物は一箱管理にするとすぐ見つかる！

タイツのような季節の小物は行方不明になりやすいので、一箱ごとにまとめて管理します。上の棚に小物ゾーンをつくって、必要な季節になったらおろして使います。

after
使わない季節は棚の上へ
● 夏のセット
水着・サングラス
p.148参照
● 冬のセット
あったかインナー
タイツ
使うときだけおろす

季節の小物は使わない期間も長いので、入れ替え制にすることで、スペースが効率的に使えます。

さらに便利

季節の小物の他にも、冠婚葬祭（数珠やアクセサリー）や旅行用セット（ポーチ類）など使用頻度の低いモノは同じようにしまっておくと便利です。

change!

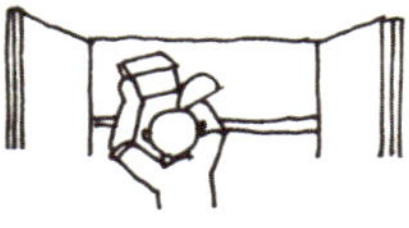

上の棚に小物ゾーンを決めて収納。

2. ボックスをしまう

Q. カバンがめちゃくちゃ…。どう収納すればいいですか？

専用グッズを
使う？
それじゃ…
入りきらない
です（笑）

before

徐々に増えたカバンで
部屋がめちゃくちゃです…。

「増設ワザ」で解決します

増やすのは、カバンの定位置。

1．場所をつくる

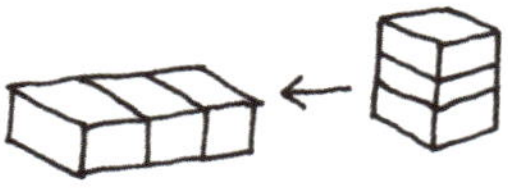

ボックスが置けるように、クローゼットの中で衣装ケースを積み変える。

A.

ふたなしのボックスで大容量にしまう↓衣装ケース上が定位置。

カバンの数が多い場合、まずクローゼットにしまいきることが目標。上があいてたくさん入る、ふたなしボックスでしまいきれば部屋に散乱することもなくなる!

after
カバンを立てて
ボックスに入れる
大事にしまいたいカバンだけ上の棚にしまう。書類立てなど仕切りアイテムを使うと便利。
カバンを入れたら衣装ケースの上へ。
衣装ケースを
積み変える
p.149
参照
上にふたなしボックスが置けるよう低く積み変える。

補足のひとこと

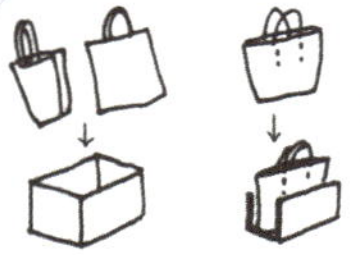
布系は
ボックス
堅いのは
上の棚

皮革の堅いバックはボックスには入りづらいので、上の棚へしまう。

change!

カバンを小さくたたんだら、ボックスに立てて入れ、衣装ケースの上に置く。

Q.

微妙に使えてない、ハンギングラック。どう使うのが正解？

before

棚がたわんでしまうほど、モノを入れると出すのも大変。

「移動ワザ」で解決します

移動するのは、ハンギングラックの中身。

1．中身を出す

数を減らすため、中のモノを出す。

A.

棚がたわむとNG！よく使うモノを少ししまうと、便利。

ハンギングラックの利点はたたんだ服が立ったまますぐ手に取れることです。棚がたわむほど入れると出しづらくなるので、よく使うモノを適量しまいましょう。

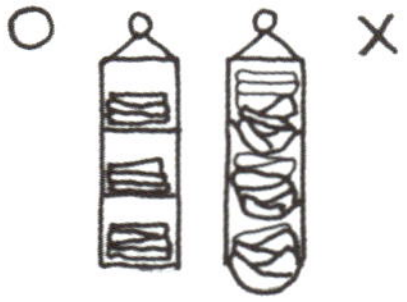

after

たとえば、こんなモノを…

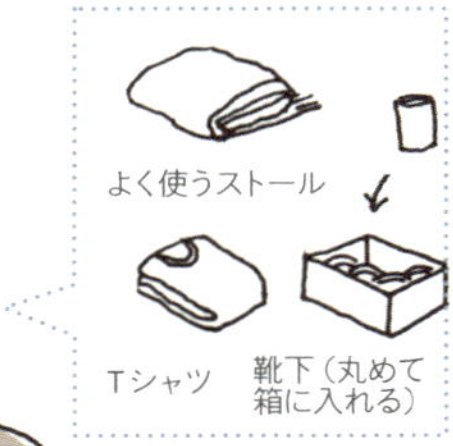

棚がたわまないのを目安に、出番の多いモノを入れる。

補足のひとこと

便利な収納グッズには、少量だから便利に使える（＝大量に入れると使いづらい）のも少なくありません。買う前には「しまうモノは少量か」を確認して。

change!

2. 中身を変える

出し入れが多くて、軽いモノを入れる。

Q. 自分で管理してほしい！ Yシャツやズボン…夫のモノの収納は？

しまわないのは
彼の性格ではなくて、
しまいにくいから！

before

頼んだときはいい返事をするのに、なんでよぅ…。

「移動ワザ」で解決します

1．服をハンガーに

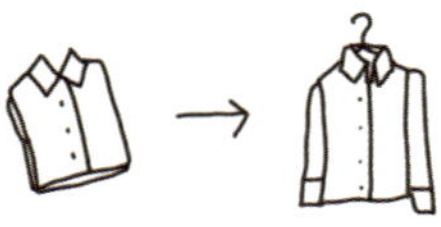

上下とも、服は吊す収納に変える。

移動するのは、彼の服や小物。

A. 手間なしの吊す収納にすれば良好です。

多くの男性は「たたんだ服しまう」行為が苦手です。自主的に管理してもらうには、吊るす収納やポイ入れにして、すぐ戻せる状態にしてあげることです。

できる、できる
どう？

after

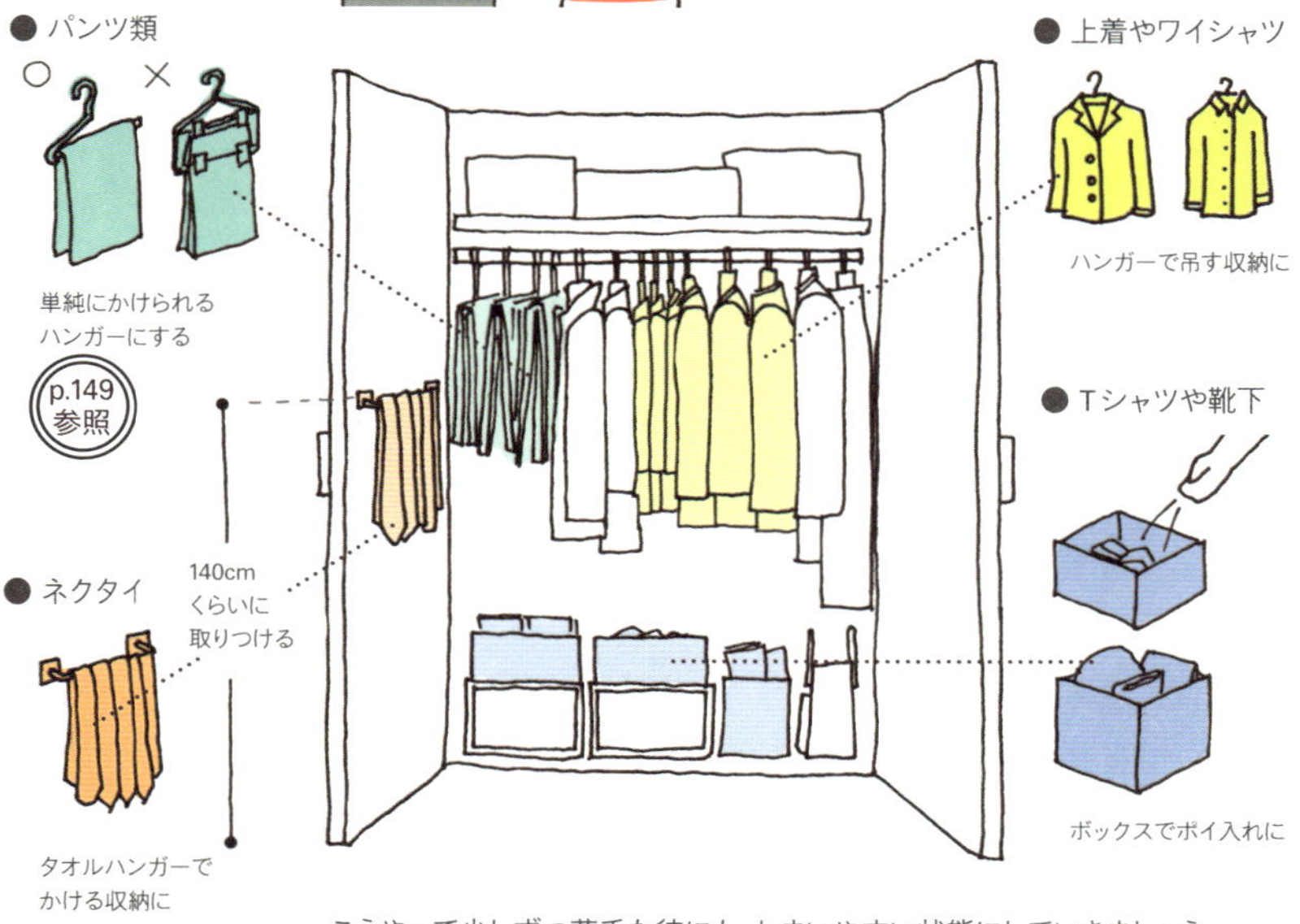

パンツ類
○
×
単純にかけられるハンガーにする
p.149参照
ネクタイ
140cmくらいに取りつける
タオルハンガーでかける収納に
上着やワイシャツ
ハンガーで吊す収納に
Tシャツや靴下
ボックスでポイ入れに

こうやって少しずつ苦手な彼にも、しまいやすい状態にしていきましょう。

change!

2．小物をポイ入れに

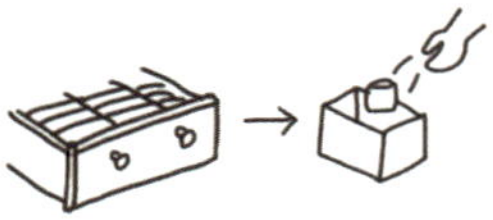

引き出しに入れるモノは、ポイ入れに。

3．ネクタイをかける

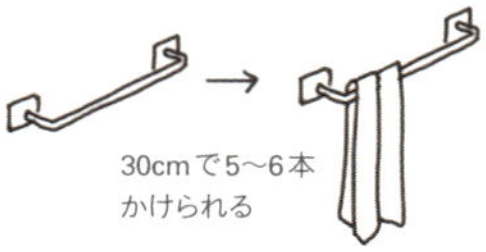

30cmで5～6本かけられる

140cmの位置にタオルハンガーをつける。

6 日曜日の「脳内ビフォーアフター」

日曜日の昼下がりに何をしてるんだか、という話。

ネットで話題のニャンコ映像なんかを見ていると、ときどき片づいていない飼い主さんの部屋が見切れることがあります。ふいにそんなのを見たりしたら、もう部屋に興味津々です。限られた映像を手がかりに、「床にモノが散乱しているけど、これは全部片づけても2時間くらいで終わるな」とか「狭いけど、このぎっしり感は一日以上かかるぞ」とか。頼まれもしないのにどのくらい時間がかかりそうか、どんな手順で進めるといいだろうか、一人で「脳内ビフォーアフター」をやっては天を仰ぐのです。「ああ、片づけてあげたい！」。

収納に問題が起こっている部屋はたいてい酸欠状態のようにスペース

が足りなくなっています。この状態で小さな文房具の整理なんかを始めてもうまくはいきませんから、見るべきポイントはもっと大きなところ。部屋に残っている床、使える空き地がどれくらいあるか、です。

床までぎっしりモノが置いてあったりしたら、空き地はないのでなかなか厳しい状況、片づくけれど時間がかかります。いっぽう、スカスカして床があいているならそこにモノを動かして整理すれば思っているより早く片づきます。

いたって勝手な私の「脳内ビフォーアフター」ではありますが、いろいろ見ても「これはすごく大変そうだぞ…うーん」と考え込むような部屋は少数派です。全体の1割もないんじゃないかしら。たいていは、ここの空き地を使ったら、半日で終わるだろうなぁというケースばかりです。そうなると、いい解決方法さえあれば「片づけができない」という人はもっともっと減るよなぁ、どうしたらいいのかなぁ…。ぶつぶつ。

ということをニャンコ映像から一人もちもちと考える私。ね、日曜日の昼下りに何をしてるんだか、でしょ？

Q.

必殺！2倍入るたたみ技、とかないですか？

before

【 × たたんだ服がバラバラ 】

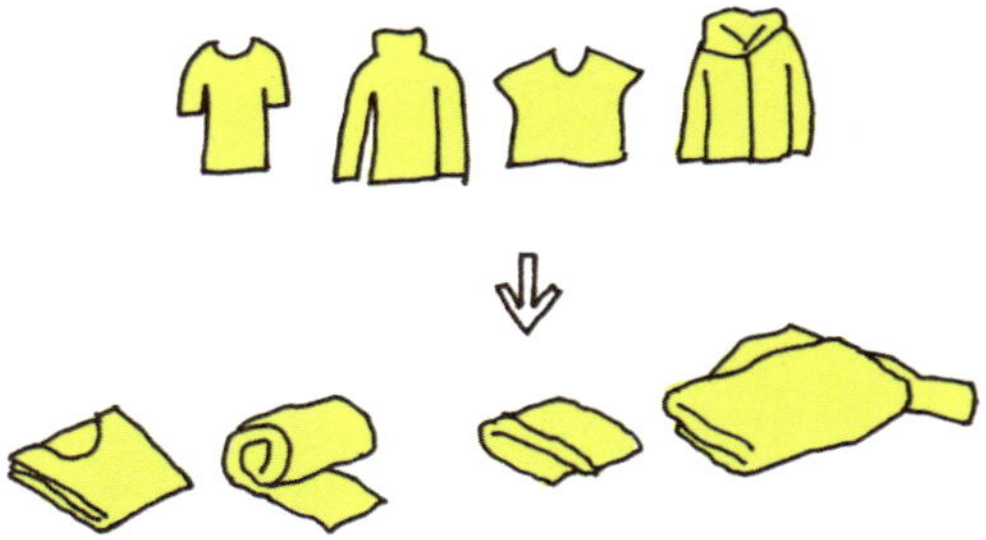

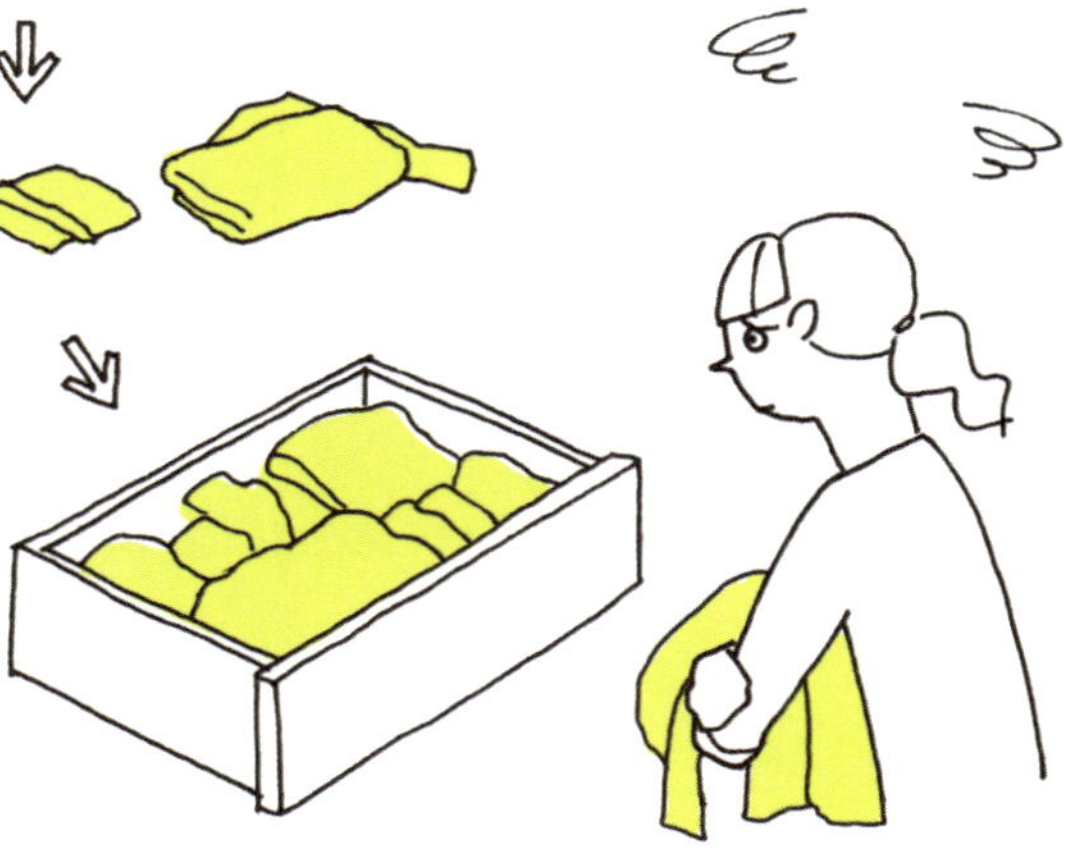

ふぞろいにたたむとサイズがバラバラで効率が悪く、たくさん入らない。

「詰めワザ」で解決します

サイズを合わせたたむ

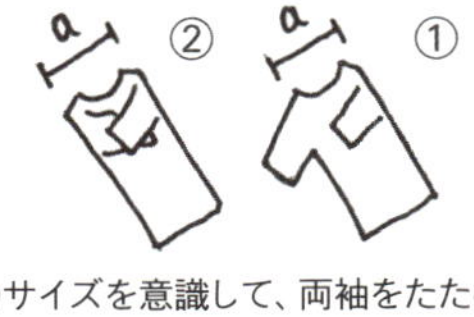

「a」のサイズを意識して、両袖をたたむ

詰めるのは、Tシャツなどたたむ服。

A. 同サイズにたたんで規格化すればどんどん入ります！

たたむ服は、たたみ方を変えると、今より約一・五倍多くしまうことができます。どの服も同じサイズになるようにたたみ、立ててしまいましょう。

たたむのキライ！と言わないで。ポイントはひとつ、「a」の幅を覚えること！

after

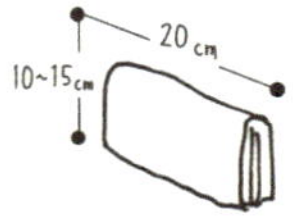

たたむサイズは、引き出しの奥行き半分（a）くらいがベスト（奥行きが40cmなら服は20cmに）。

【　○　たたんだ服が同じサイズ　】

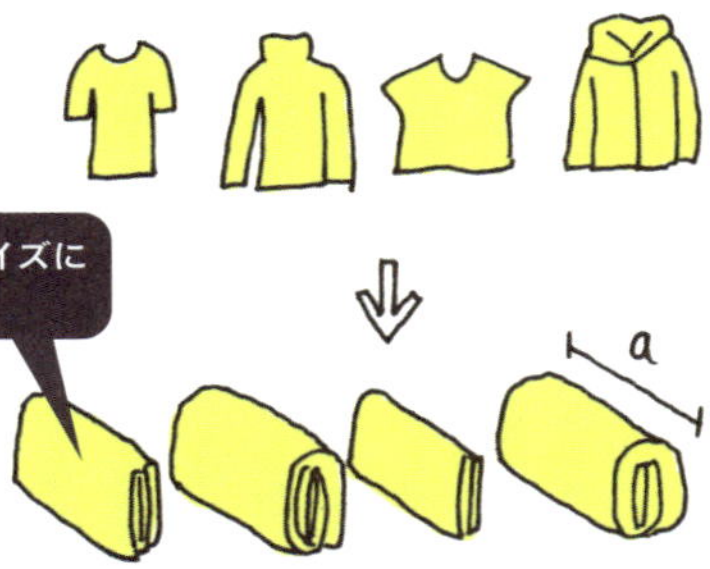

パーカーでもTシャツでもたたんだサイズが同じだと、効率よくたくさん入る。詰めても立ててしまうので取りだしやすい。

change!

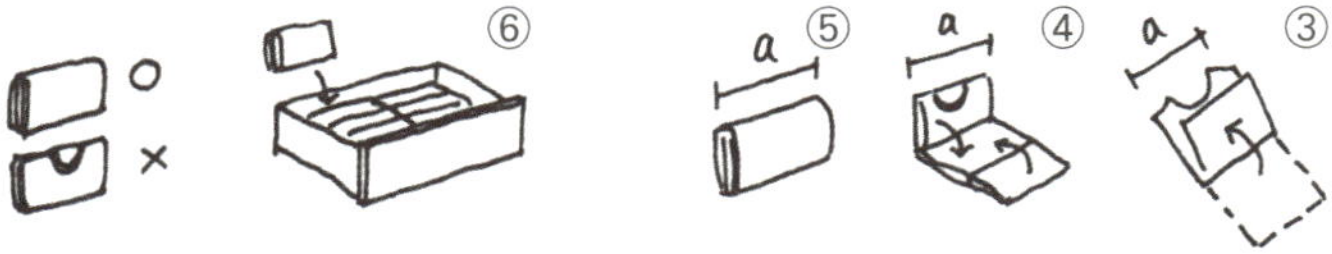

③ 半分にたたむ。

④ さらに1/3に。

⑤ 完成！

⑥ 他のモノも同じサイズにたたみ、立てて収納していく。

たたみ口を隠すときれいに見える

Q. クローゼット下の引き出しには何をしまうと便利…？

before

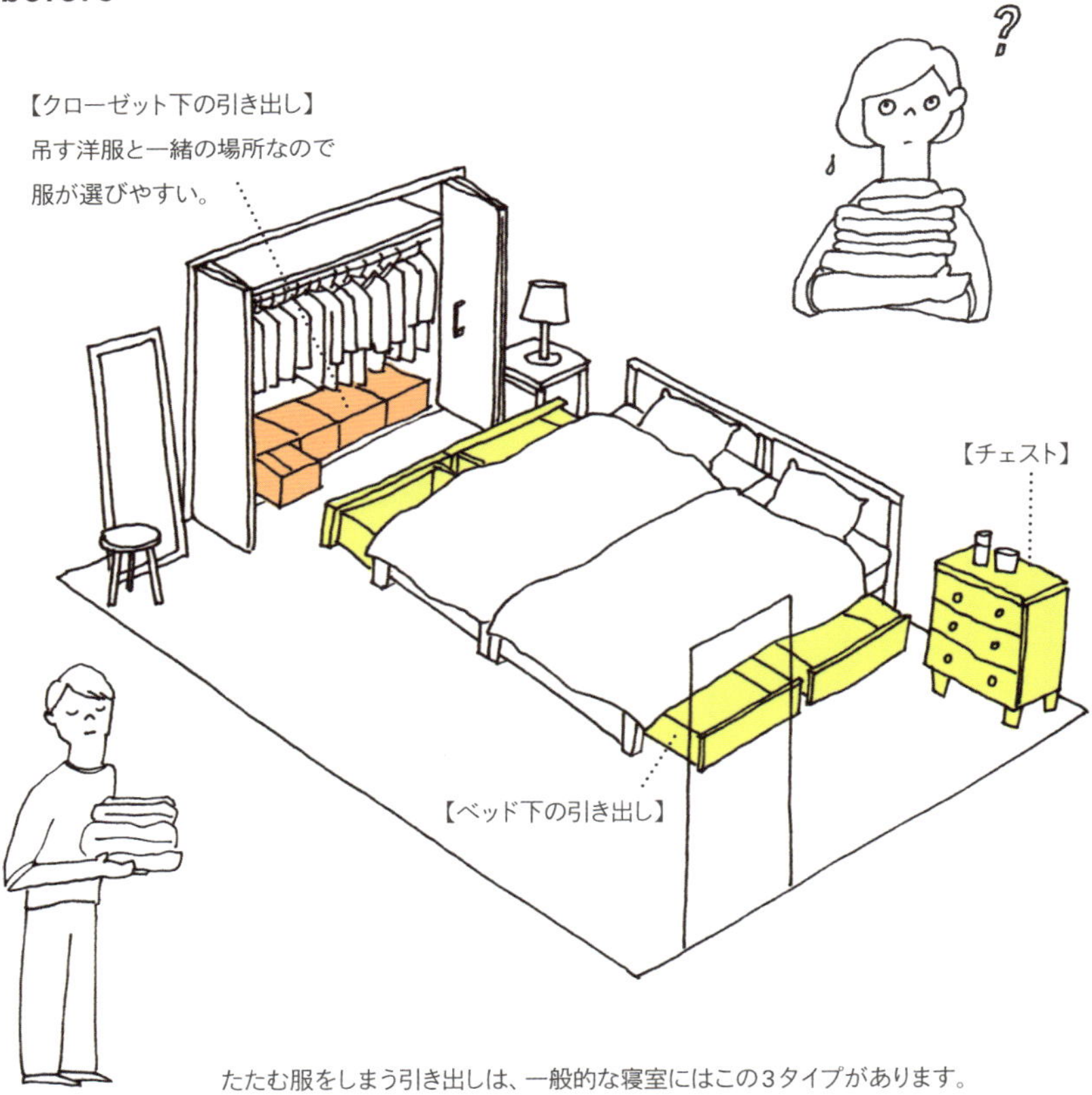
【クローゼット下の引き出し】
吊す洋服と一緒の場所なので
服が選びやすい。
【チェスト】
【ベッド下の引き出し】

たたむ服をしまう引き出しは、一般的な寝室にはこの3タイプがあります。

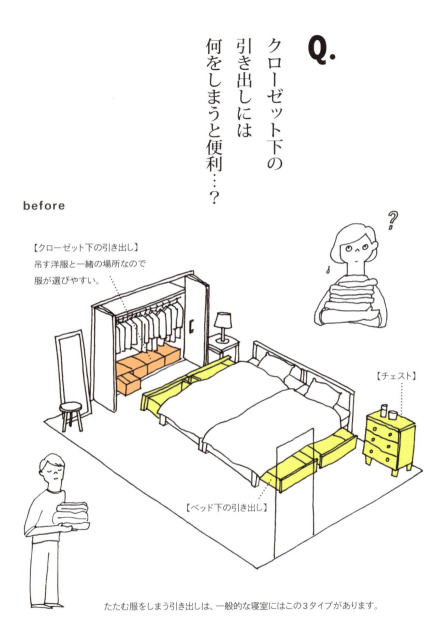

A.

たたむ服でも今、着るトップスが向いてます。

クローゼット下には今の季節に着るカットソーやニット（入ればデニムなども）をしまうと服選びがラクにできます。それ以外の場所には、下着や出番の少ない服を。

after

「移動ワザ」で解決！

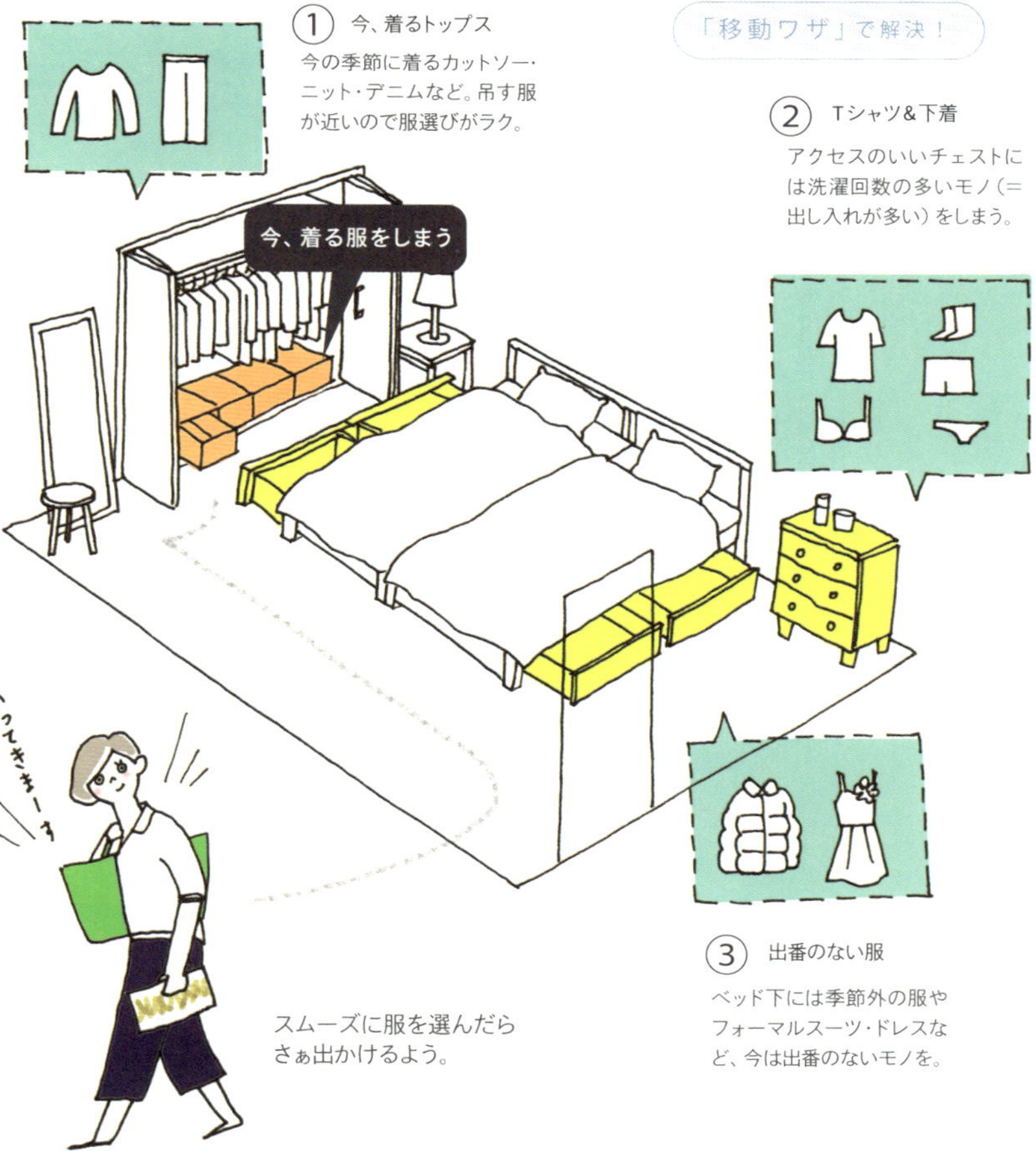

① 今、着るトップス

今の季節に着るカットソー・ニット・デニムなど。吊す服が近いので服選びがラク。

② Tシャツ&下着

アクセスのいいチェストには洗濯回数の多いモノ（＝出し入れが多い）をしまう。

③ 出番のない服

ベッド下には季節外の服やフォーマルスーツ・ドレスなど、今は出番のないモノを。

スムーズに服を選んだらさぁ出かけるよう。

Q.

服が多いので、ハンガーラックを買うつもりです。

before

いろいろな色やカタチの
服がむき出しなので
ごちゃついて見える。

よかれと思って買ったのに、雑然とした気分になっては残念です。

「整美ワザ」で解決します

1. 掛ける服を選ぶ

色や数を限定して、ラックにかける服を選び直す。

移動するのは、ハンガーラックの服。

A.

かける服の色や数に気を配ってきれいに見せよう。

ハンガーラックは、たくさんの服がしまえる反面、色とりどりの服が丸見えでうるさくなりがち。服の色や数を整えれば、統一感が出て見た目がきれいになります。

after

いずれか試して

大量にしまいたい…

【 色を減らす 】

派手な色はクローゼットへしまい、地味な色だけを掛ける。丈や素材が違っても統一感が出る。

カゴを置いてかわいくしてみたり。

部屋をおしゃれにしたい…

【 数を減らす 】

服の数を厳選して、ショップディスプレイ風に。

色や数が調整できないときは

【 カバーをかける 】

衣類カバーをかけると見た目がそろい統一感が出る。

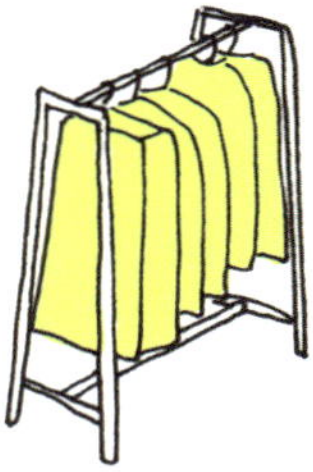

掛ける服に統一感があると、うるさく感じません。

これもアリ！

市販にはカバーつきのハンガーラックもあります。こちらを選んでおくのもひとつです。

change!

2. ラックを移動

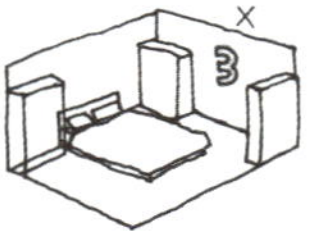

ベッドから目に入りにくい位置に置く。
(1→3の順で理想的な場所です)

Q.

あぁ出しづらい。アクセサリーのいいしまい方を教えて。

before

【　アクセサリーの「怪」現象　】

ほこりまみれの、「怪」

絡まる、「怪」

収納用品が増える、「怪」

気づけば山盛りの、「怪」

見当たらない、「怪」

A. カトラリーケースに分けたら引き出しへGO!

アクセサリーは、アイテムごとカトラリーケースに分類して収納します。「絡む・すぐ出せない・紛失」のストレスは、モノが混ざって起きますが、これでもう大丈夫。

after

アイテムで分けてしまう ← 「詰めワザ」で解決!

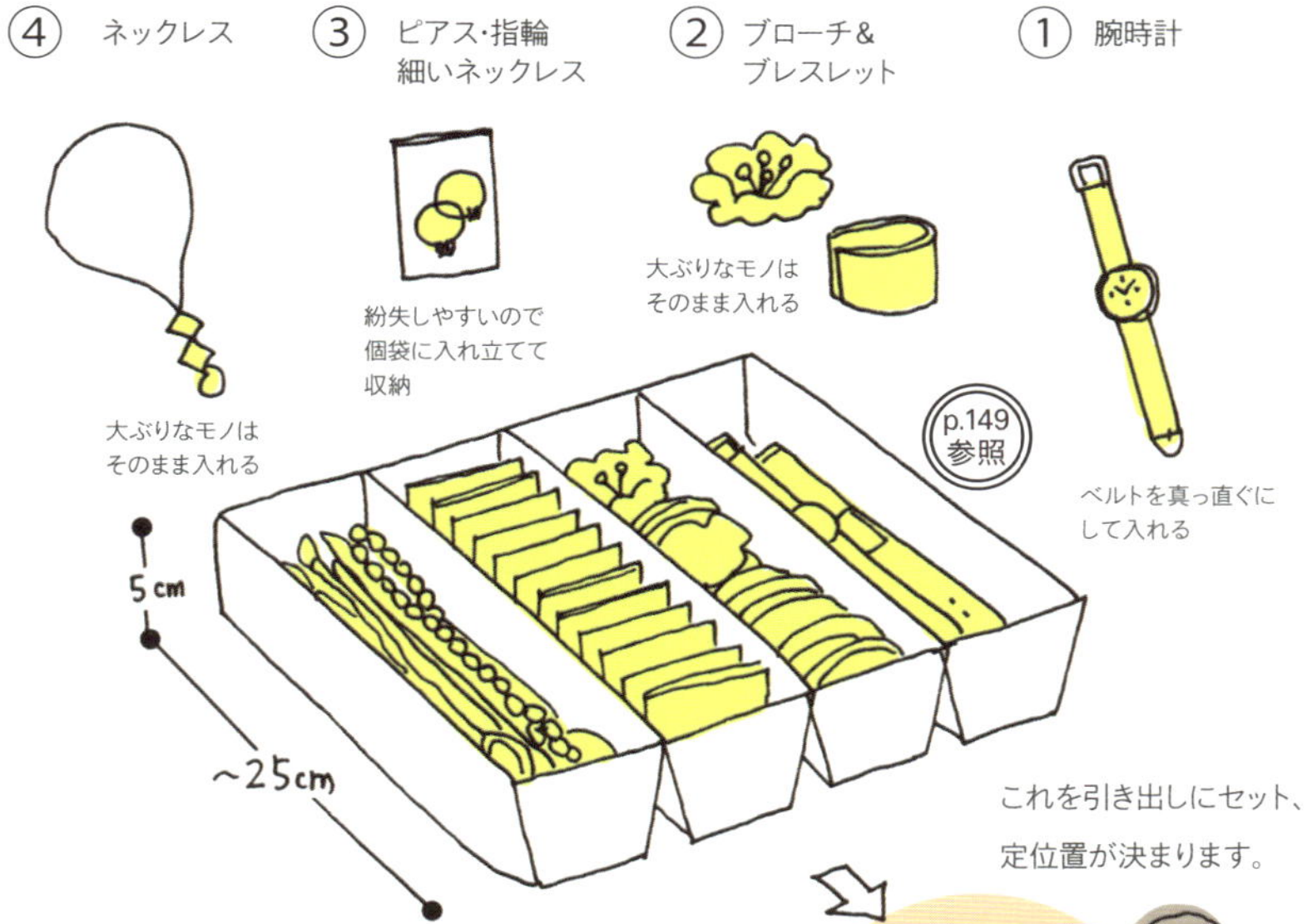
④ ネックレス
③ ピアス・指輪
細いネックレス
② ブローチ&
ブレスレット
① 腕時計
大ぶりなモノは
そのまま入れる
紛失しやすいので
個袋に入れ立てて
収納
大ぶりなモノは
そのまま入れる
ベルトを真っ直ぐに
して入れる
p.149
参照
5cm
~25cm

これを引き出しにセット、
定位置が決まります。

アクセサリーは、しまうケースの深さと長さがポイントです。浅いとブレスレットがはみ出てしまい短いとネックレス類がすぐにいっぱいになってしまいます。カトラリーケースの大きさがちょうどいい。

7 気分が乗らないときに、思うこと。

片づけに気分が乗らないとき、私は楽しかった衣替えを思い出して、気持ちを切り替えます。

子どもの頃、年に二回の衣替えは、母と私たち姉妹のかしましい季節行事でした。特別なことは何にもない、どこのおうちとも同じ衣替えでしたが、「今日は衣替えをしよう」と母が言うと、家の中がふわっと沸き立ちました。季節の過ぎた服を出して、たたみ直し、衣装ケースへと入れ替える。自分でたたんでしまうことで、自分の服とも向き合います。途中、姉の買ったズボンが変だよと言っては笑い、「見て見て、こんなになった」と入らなくなった小さなTシャツを着てはふざけ、しまいには古いタンスから母の懐メロのような服に袖を通して「こんな服を着て歩いたら笑われる」

と言って、三人でお腹を抱えながら、毎回衣替えは終わっていきます。

こうして明るく作業をしながら、着られなくなった服、取っておきたい服を仕分け、タンスの中を整理して、私たちは年二回、近づく季節を待ち受けていました。

そんな遠い記憶があるせいか、私はクローゼットのような大きな片づけをするときも、義務感より楽しいことするんだ、という気持ちが先に立ちます。

それでも気分が乗らない日は子どもの頃の衣替えを思い返してみます。終わったときの清々しさがふっと蘇ると「終わったらきっといい気分がするよな」と、気持ちが切り替わり、よし頑張るかと重い腰があがります。

著書のなかで、人に会ったとき、いつも「片づけや収納をイヤだなことだと捉えないでくださいね」と言います。それはは楽しかったという記憶が刷り込まれれば、次の片づけの助けになるからです。どうか皆さん、片づけが終わったときは、きれいになったことを自画自賛して「いい！いい！」自分に「楽しい」を刷り込んでくださいね。

Q.

えっ、寝袋がない？押入に入れたモノがまたもや行方不明です…。

before

重いモノ、軽いモノ、よく使うモノ、使わないモノ…がまぜこぜになっていると、何が入っているのか、わからなくなります。仕切りにあわせて、しまうモノを決めましょう。

A. 押入は6つのゾーンに分けてしまうモノを決めよう。

押入は、6つのゾーンに分けてしまうモノを決めます（高さ3段×左右2列）。いっきに中身を広げると大変なので、重いモノから1ゾーンずつモノを入れ替えて！

やってみるっ

after

「詰めワザ」で解決！

たとえば6つのゾーンはこんなモノをしまいます。

出番は1年に1回程度の

A. 軽いモノは、上

日常的に出し入れする

B. 使うモノは、中

出し入れしづらい

C. 重いモノは、下

① 行事もの（クリスマスツリー）
② 思い出のモノ
③ 服関係
④ 本や趣味のモノ
⑤ 季節家電
⑥ 布団
軽
重

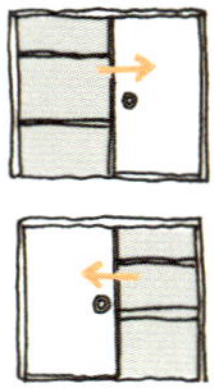

真ん中にしまうと出しづらいので左右2列に分ける。

大事なのは高さ方向（3段）で、上段から［A.軽い］→［B.よく使う］→［C.重い］モノを入れること。まずは下段の中身を出して、重いモノから移動するとわかりやすく、作業もラクです。ちなみに図ではふすまの開閉にあわせて左右で入れるモノを分けていますが、同じモノをしまってもOK。

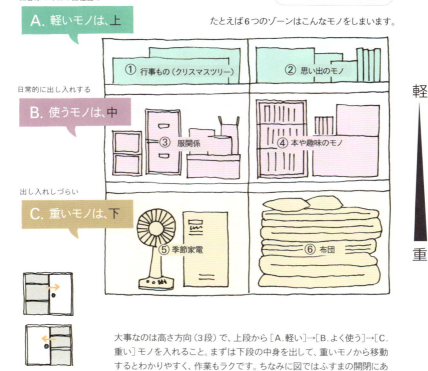

Q.

押入の奥ってキライ。手も届きにくいし どうしまえばいいの？

【　しまいたいモノを分ける　】

「詰めワザ」で解決！

A.「上」にしまう軽いモノ
B.「中」にしまうよく使うモノ
C.「下」にしまう重いモノ

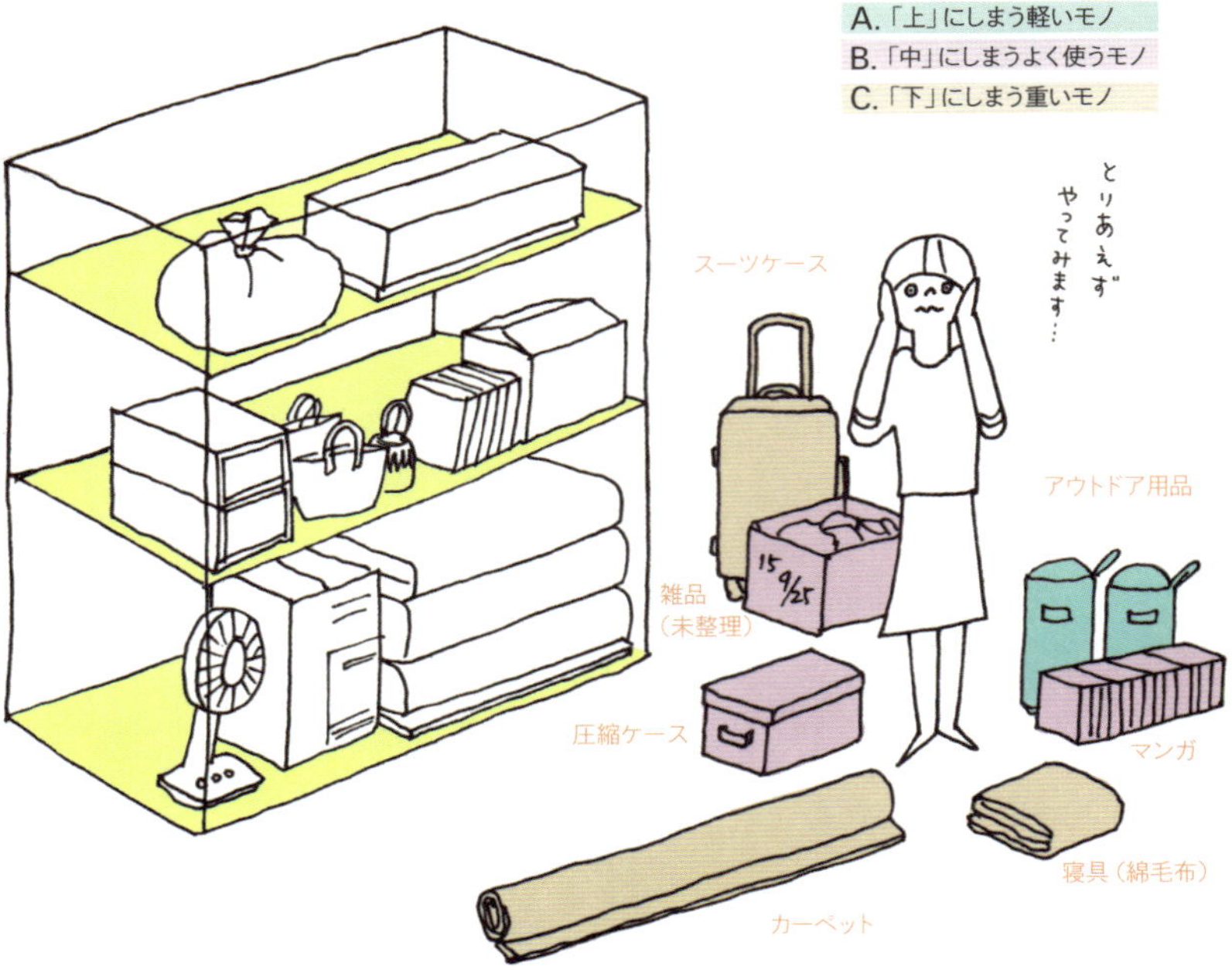

前頁にならって、しまいたいモノを3つに分類しておきます。

A.

手前に使うモノ、奥に使わないモノ。ルールはこれだけ。

押入は、奥行きが深いですが、基本ルールはひとつ。「手前によく使うモノをしまう」です。一段ずつしまっていけば判断しやすいです。

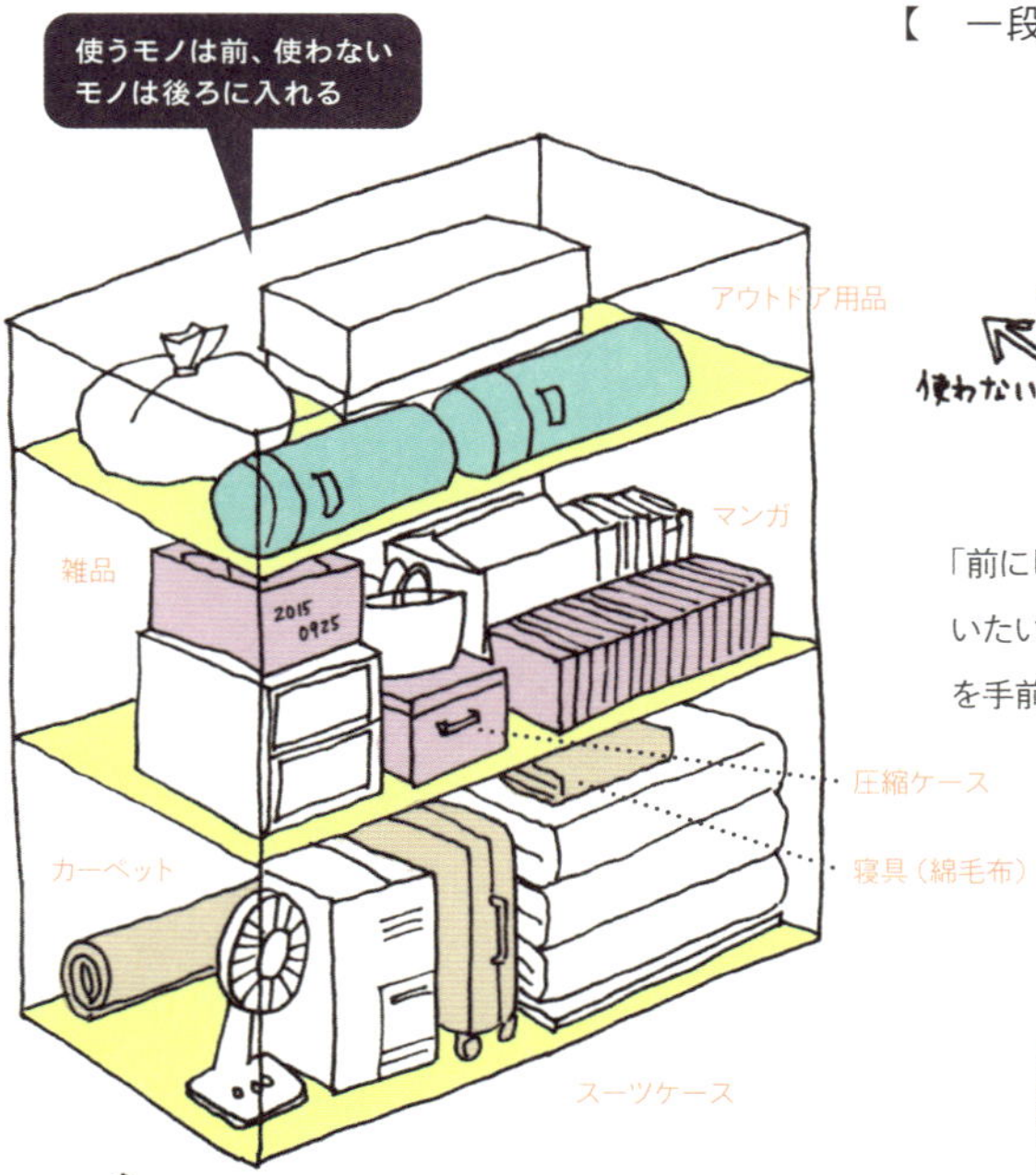
使うモノは前、使わないモノは後ろに入れる
アウトドア用品
マンガ
雑品
2015
0925
圧縮ケース
カーペット
寝具（綿毛布）
スーツケース

2015
0925

未整理の「雑品」は必ず手前に。
日付を書いておくと、「そろそろ片づけなきゃ」と、思い出します。

【　一段ずつ、しまっていく　】

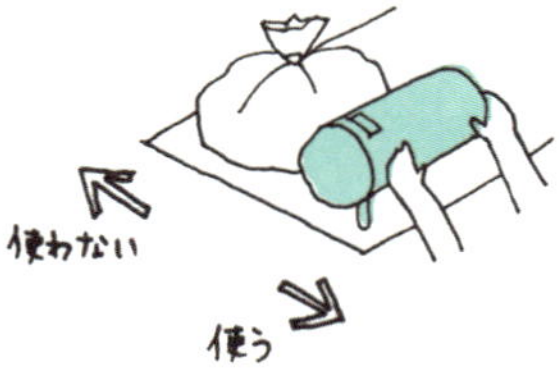
使わない
使う

「前にしまったモノ」と新しく「しまいたいモノ」を比較、よく使うほうを手前に入れます。これでOK。

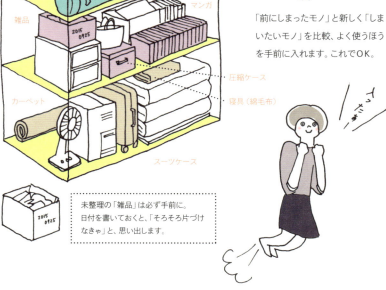

Q. 圧縮した敷き布団、狭いウォークインにうまく入れたい。

before

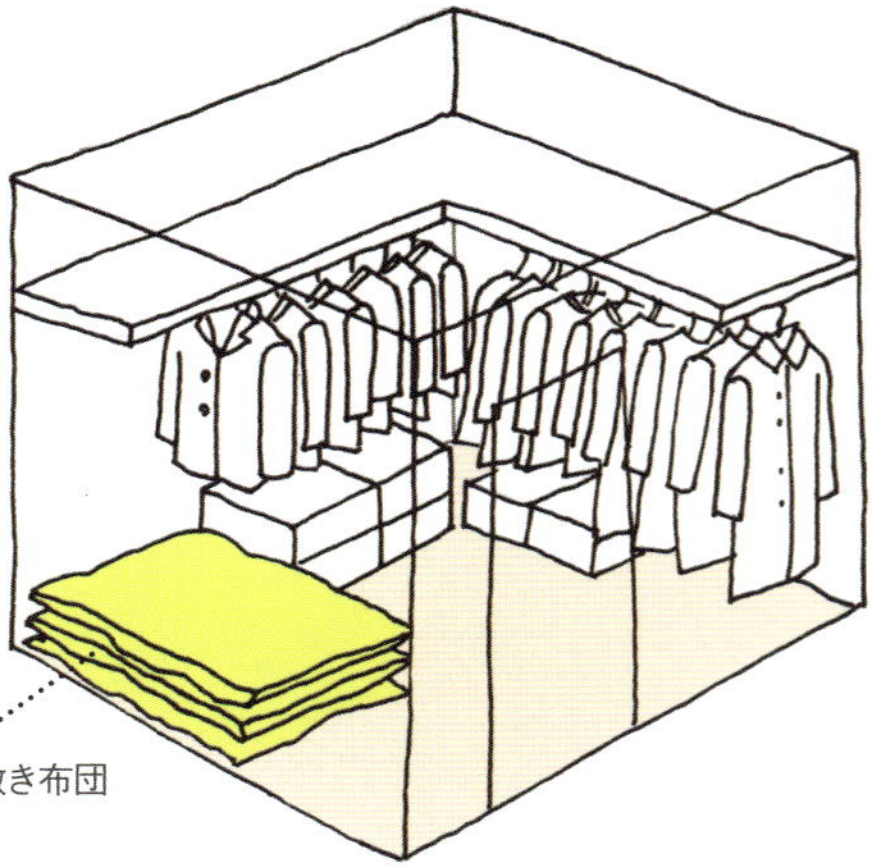

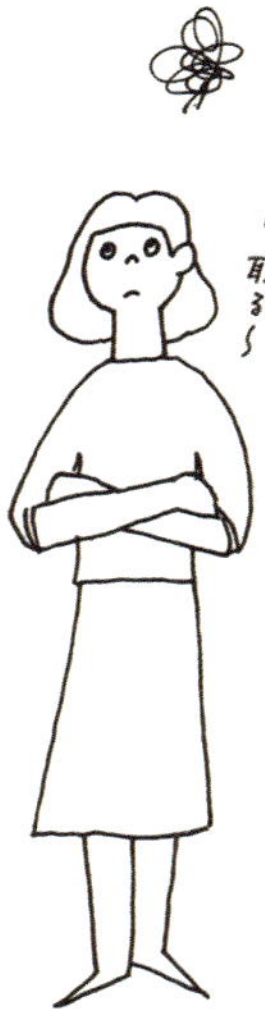

ウォークインの奥行きが狭く、圧縮した敷き布団を入れるともうパンパンです。

「詰めワザ」で解決します

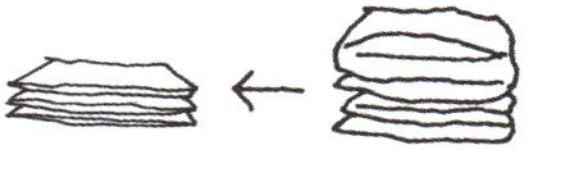

詰めるのは、圧縮した敷き布団。

1．道具を用意する

W.I.Cの短辺の、壁から壁の距離を測り、サイズのあう突っ張り棒を買う。

A. 突っ張り棒を倒れ止めにして立てれば、入ります！

圧縮した布団は、立ててしまうと省スペースです。突っ張り棒を倒れ止めにすれば重さがあっても自立させられます。何とか入れたいときの切り抜けアイデア！

after

どの壁に？
W.I.Cのカタチが長方形なら短辺で、できるだけ洋服収納に影響しない壁を選択。
突っ張り棒を渡し、布団を立ててしまう
突っ張り棒の位置は布団の厚みに合わせる。
突っ張り棒の余った部分にはS字フックでカバンなどを掛けても。
イエスッ

立ててしまえば、床面積を取りません。

change!

2. 場所をつくる

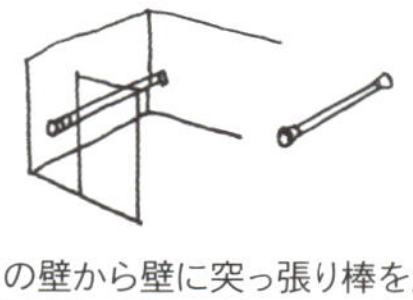

W.I.Cの壁から壁に突っ張り棒を渡す。位置は布団の厚みに合わせて決める。

3. モノを移動

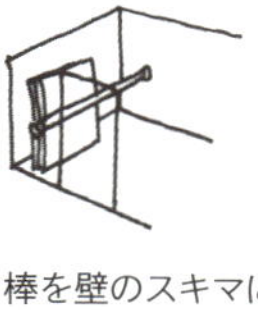

突っ張り棒を壁のスキマに、圧縮した布団を挟み、立ててしまう。

Q. カビや匂いが心配。何をしておけばいいでしょう?

before

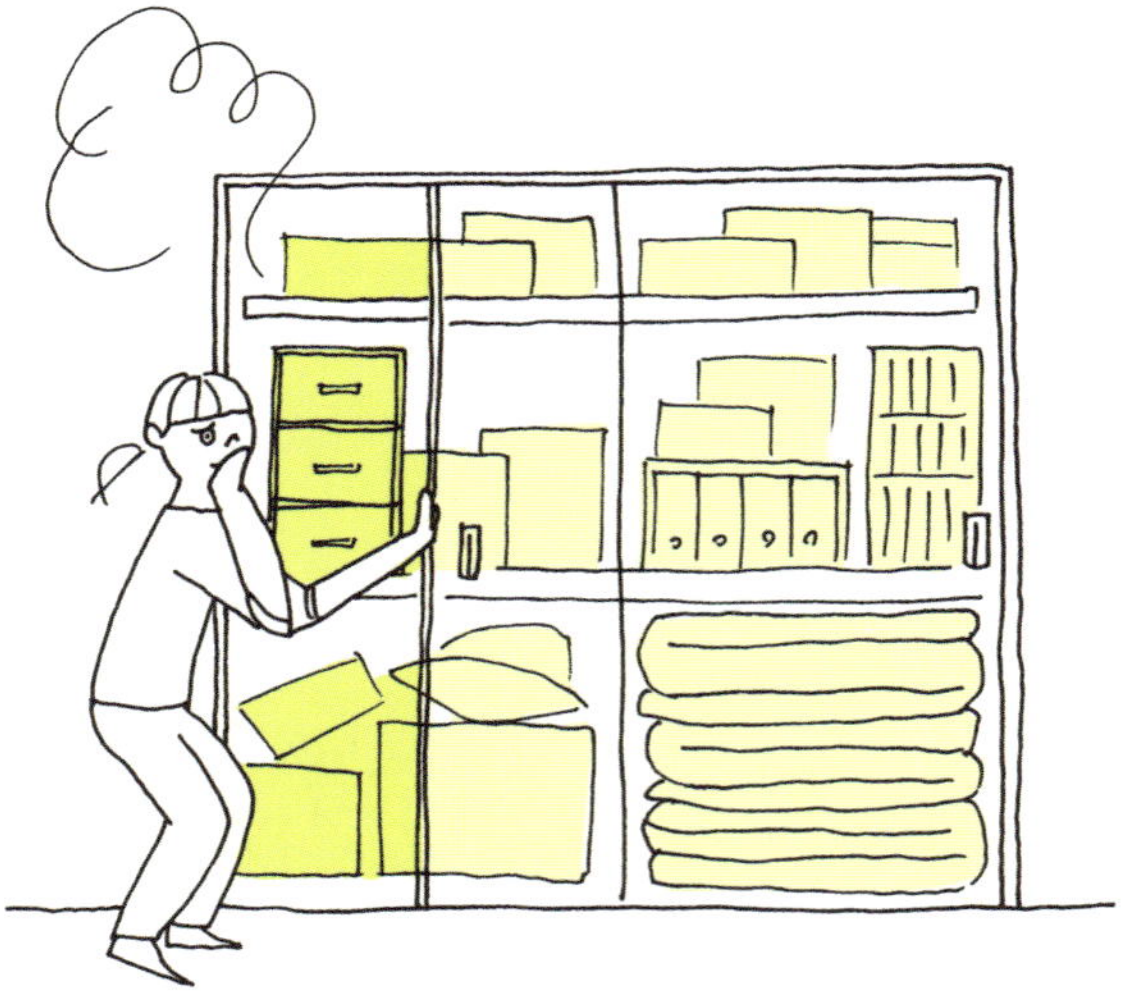

カビの発生しやすい時期は、梅雨と、暖房で湿気のこもる冬。押入に布団や衣類をしまっている場合は、気をつけないといけません。

「整美ワザ」で解決します

1. 中のモノを出す

ふすまを外し、中のモノを外に出す。

整えるのは、押入内の空気。

A.

最低でも年1回は風を通して中の空気を循環させよう。

カビと匂い、どちらにも効果的なのが、空気の入れ換え＝「風を通すこと」です。押入の中は風が通らないので年に一度は中のモノを出して空気を入れ換えましょう。

after

中のモノを出して
空気を入れ換える

「冷たい空気が溜まる→水分になる→カビが生える」がメカニズムです。

とくに、湿気の溜まる四隅は念入りにチェックして。

中のモノを出して（全部がムリなら布団だけでも）新しい空気を入れます。半日ほどおいて、押入の四隅を触って、じめっとしなければ風通し完了です。

予防の工夫

布団にはスノコを。

除湿剤は湿気の溜まる下や奥に置きます。また直接壁や床に触れないよう布団にはスノコを敷いて。

change!

半日ほど風を通し、中のモノを戻す。

2．空気を入れ換える

Q. 廊下の物入が思うほど活用できてません。

before

扉前にモノを置いて
さらに開けなくなっている。
中もモノをちょっと
入れただけで活用
度は低め。

リビングから遠いので、足が遠のく物入。

「移動ワザ」で解決します

1．場所を決める

×
○
←Living

リビングから取りやすい位置を確認。
（扉を開けて、すぐ手の入る場所を確かめる）

移動するのは、物入の中のモノ。

A.

アクセスのいい場所だけでも使って！活用度が高まります。

物入は、まず扉を開けてすぐの「手の届きやすい場所」だけでも使ってみましょう。活用度が上がれば出しっぱなしが減り、住まい全体の収納が改善していきます。

after
アクセスのいい
片側にモノをしまう
アクセス
○　×
リビング→
こんなモノをしまって
掃除機
アイロン台
ストック品

物入を日常的に使う習慣をつければ、キッチンやLDの入らないモノや使わないモノがここにしまえ、各所の出しっぱなしが減ります。

これをしまう

場所を取る掃除機やアイロン台、出しっぱなしのフロアモップなど、大きいモノ・長いモノはどこにでも入るわけではないので、物入が重宝します。

change!

使いやすいほうにモノを入れる。

2. モノを移動

Q. 入れたはいいけど使いづらい…。何がいけないの？

before

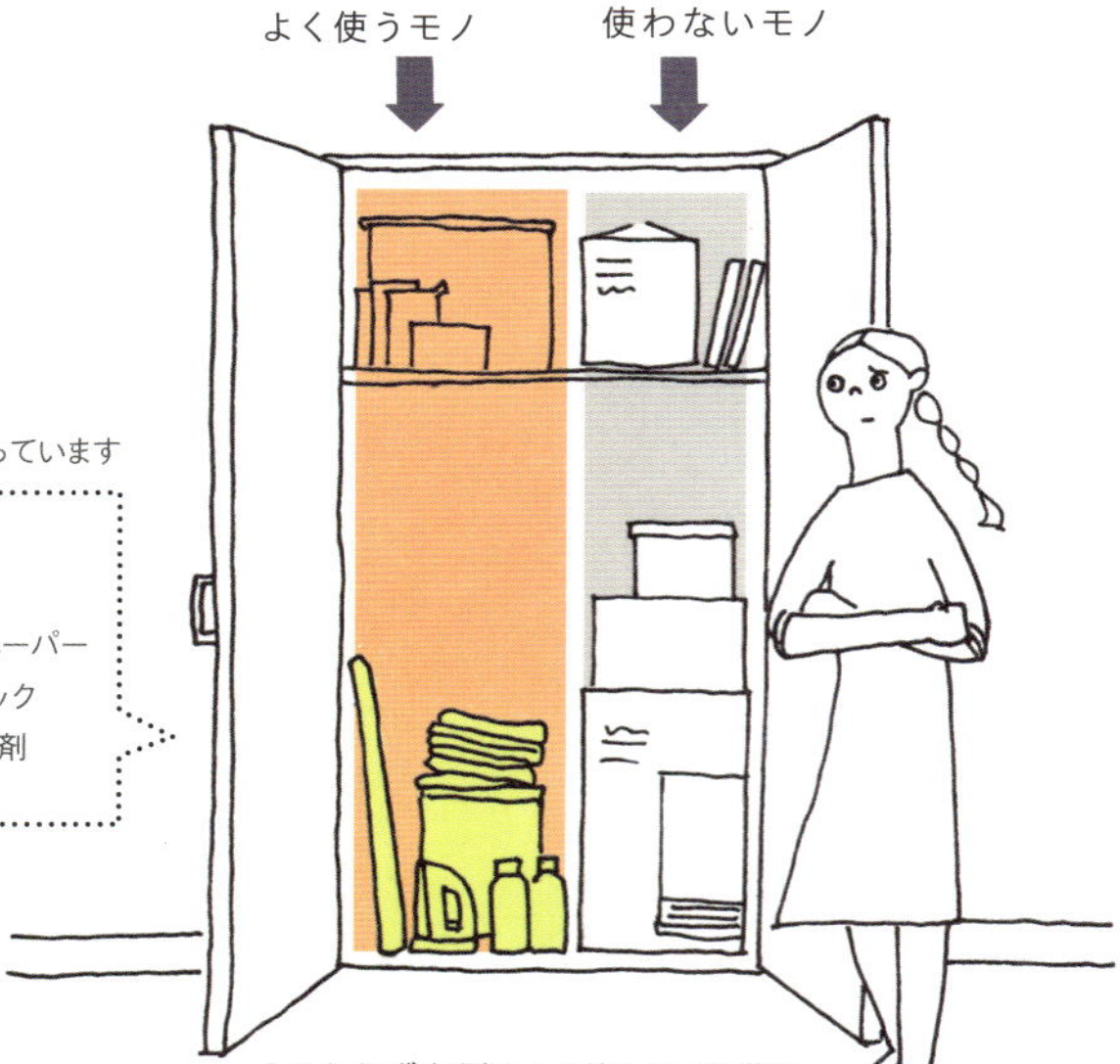

こんなモノが入っています

- ●アイロン台
- ●アイロン
- ●トイレットペーパー
- ●雑巾のストック
- ●掃除用の洗剤

とりあえず左側によく使うモノを集めたけど、詰めただけなのでまだ団子状態。

「増設ワザ」で解決します

1. 場所をさがす

アクセスのいい片側の幅と奥行きを測る。

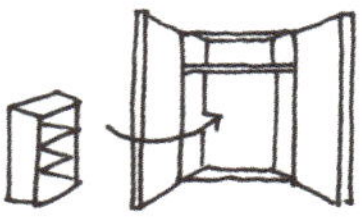

増設するのは、物入内の棚。

A. 棚を入れて仕切りをつくれば出し入れ、無敵！

物入に棚を入れて仕切りを増やせば、モノが取り出しやすくなります。こうやって出し入れの工夫を重ねれば、活用度がどんどんアップします。

after

棚に入れたモノ
●1段目
雑巾のストック
●2段目
掃除用の洗剤
●3段目
アイロン
●棚の外に
アイロン台
トイレットペーパー
よく使うモノ
使わないモノ
棚で仕切りを
増やす

棚を入れると、ぱっと見て何があるかがわかるので、それぞれが取りだしやすい。

棚の選び方

ここで使う棚は、表に出すわけではないので、古いカラーボックスなどで構いません。サイズは、片側の扉に納まる幅で高さは90cmくらいを目安に。

change!

2. 棚を投入

棚を投入。整理しながらモノをしまう。

4章クローゼットで登場したアイテム

クローゼットでは服が引き立つよう、
収納グッズの色やカタチは、シンプルなモノを選びます。

p.115

圧縮袋「ケースつき」は納まりがいい

ケースつき圧縮袋は、圧縮後のカタチが四角になるのでクローゼット内での納まりがいいです。ただ、サイズが大きいとかなり重くなるので、上の棚にしまいたいときは注意してください。

ケースつき圧縮袋　私物（通販などで購入可）

p.117

季節の小物を入れるボックスは、ふたつきで

タイツや夏の小物なら、このサイズが適しています（幅 13× 奥行き 26× 高さ 10cm）。あったかインナーをしまうには小さいので、同シリーズの大きいサイズを足して（奥行きはそろわないけど）。

IKEA　ふたつきボックス TJENA

p.119 傷のつかない布製ボックスに、カバンを大量投入

このタイプの布製ボックスは種類が豊富です。衣装ケースの上に納まるサイズなら何を選んでもいいですが、高さはカバンが取りやすい 15～18cm がおすすめです。　無印良品　ポリエステル綿麻混ソフトボックス長方形・小

p.123 掛けるだけ、『MAWA』のズボンハンガー

滑り止めがついた掛けるだけのズボンハンガーです。クリップで挟むタイプは面倒ですが、これなら苦手な方でも戻しやすい。2 本のうち上にはよく使うズボン、下は休日用など出番の少ないのを。

MAWA　ハンガーダブルパンツ　KH2

p.133 カトラリーケースは、長さ 25cm がいい

アクセサリーのカトラリーケースは、引き出しにしまうので高級なモノでなくて構いません。（せっかくのアクセサリーだから、という方は木製を探して）。長さと高さがポイントなので、ここは要確認。

カトラリーケース　私物

5 その他 玄関・洗面・ベランダ

Others

その他（玄関、洗面、ベランダ）は、スペース自体が狭いのでモノがあふれやすくなります。

考えない
その他の
スペース

●モノを使いやすくする →移動ワザでいい位置に置き直そう

●いい加減な放置をやめる →増設ワザでスペースをつくろう

●スペースをつくる工夫をする →詰めワザでスペースを増やそう

Q.

玄関の床に靴がぎっしり。全部しまいきりたい。

before

「詰めワザ」で解決します

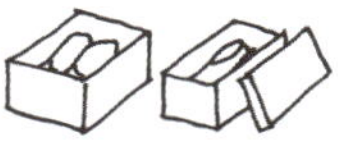

詰めるのは、玄関収納の棚のスペース。

1．箱を捨てる

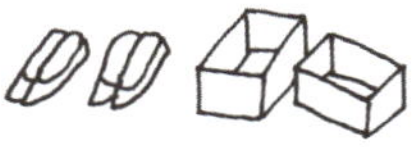

靴の箱を全部、捨てる。（どうしても残したい靴とブーツの箱は残してOK）

A.

「箱を捨てる」。少しの工夫でもっと入りますよ。

玄関収納は、箱を捨てて靴をじかに入れるだけでゆとりがつくれます。さらに、ぺたんこの靴は立ててしまうなど、余った高さもムダにせず詰めると、より入ります。

after
市販のコの字ラックを
足すとさらに高さが詰まる。
フラットシューズの場合。
3箱捨てると、およそ
1/3のスペースがあきます。
ぺたんこの靴を
立ててしまう
高さが出るので
ブーツの横に置く。
p.170
参照
箱を捨てる

さらに詰める

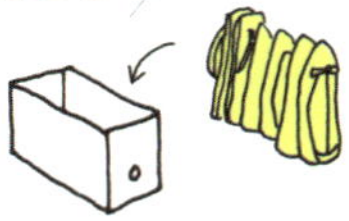

かかとの柔らかい
靴が向いています。

サンダルなどぺたんこの靴を立ててボックスにしまうとスペースが詰まる。

change!

靴を棚に戻す。
（棚板が少ないときはコの字ラックを足す）

2. 靴をしまう

Q. ブーツやスリッパ、入らないモノが玄関を陣取ってます。

春が来ても
このままじゃ1年中
置いちゃうよー

before

行き場のないスリッパとブーツが玄関を占拠中。

「移動ワザ」で解決します

1. ブーツを移動

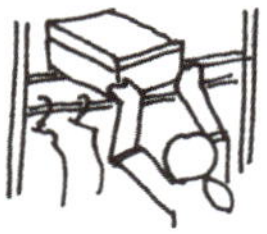

ブーツはクローゼットの上段にしまう。
（箱があると上にも重ねられるので便利）

移動するのは、ブーツと、スリッパ。

A. スリッパは扉裏、ブーツは季節外ならクローゼットへ。

玄関近くにしまいたいけど場所のないスリッパは、家具の扉裏を利用します。ブーツは箱ごとクローゼットや物入に移動。発想を少し変えて困るモノにも行き先を。

after

スリッパは
扉裏に収納する
30cm

タオルハンガーを扉裏に取付。
30cmで1.5足かけられる。

ブーツは
クローゼットへ

オフシーズンになったら移動。

移動ワザでしまう先をつくれば、さっぱり。

change!

2. 玄関収納に工夫

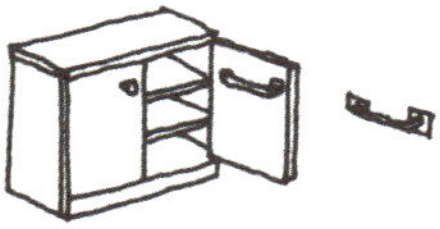

タオルハンガーをつける。
（棚板に当たって扉がしまらない
ことがあるので確認して取付）

3. スリッパをしまう

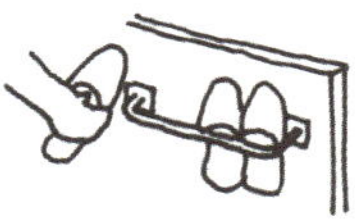

スリッパを差し込んだら、完成。
（賃貸の場合は、吸盤のタオルハンガーを）

Q.

その辺にかけて いつも出しっぱなし。 傘の置き場がない！

before

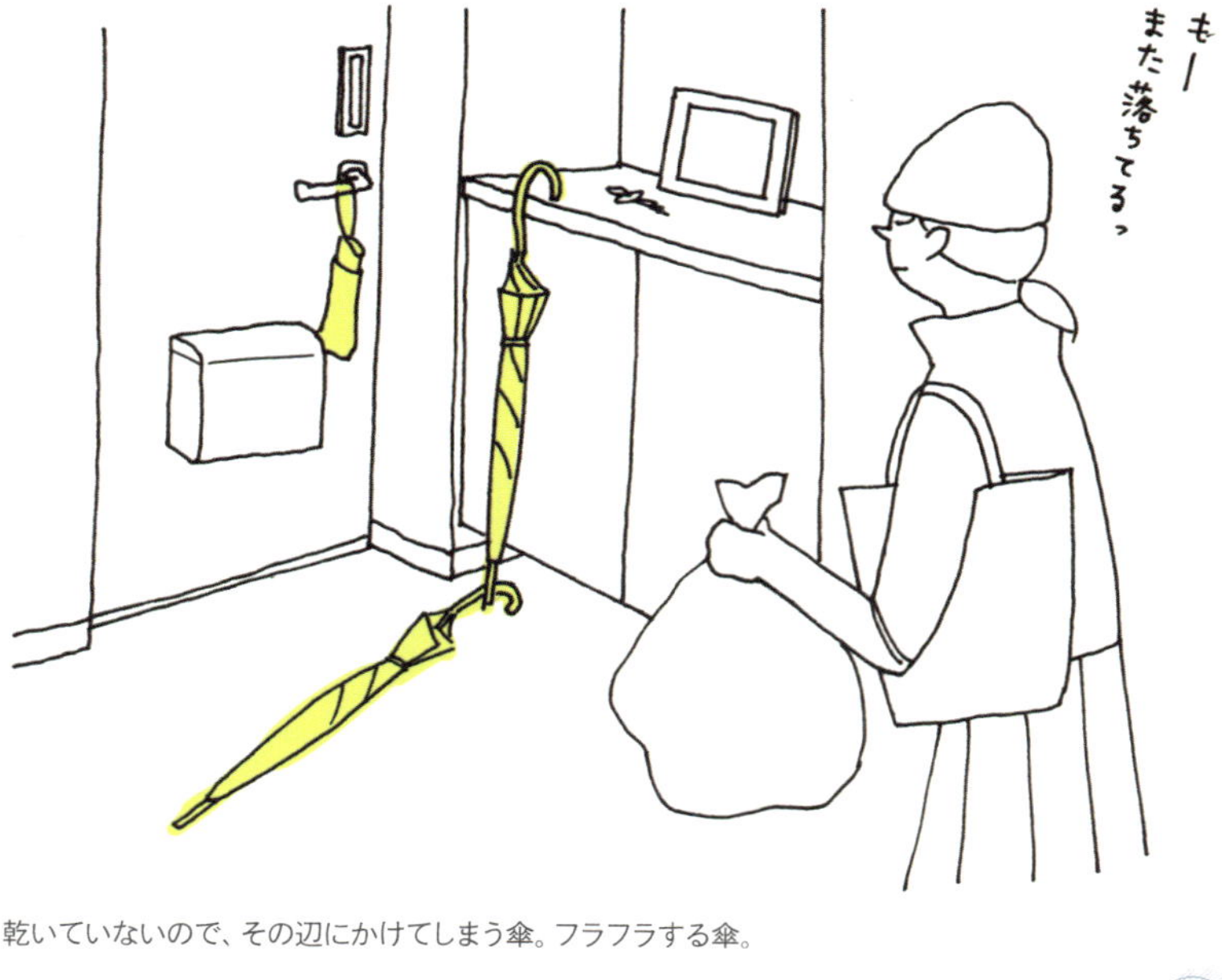

乾いていないので、その辺にかけてしまう傘。フラフラする傘。

「増設ワザ」で解決します

1. 傘の本数を確認

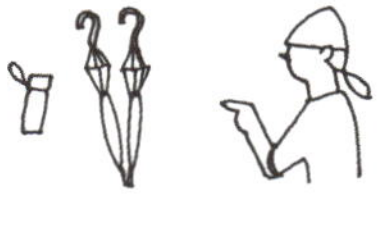

本数を確認。少ないならマグネットで。

増設するのは、傘の置き場所。

A.

2000円代で コンパクトに置ける 傘立てがあります。

傘は出して置いていいけれど、傘立てがないとどうしても散らかってしまいます。傘立ては本数によっておすすめが違うので、まずは何本持っているかチェックを。

傘立てを買ったら
5分で終わるよ〜

after

コンパクトな
傘立てを買う

4本以上なら
【　筒型タイプ　】

高さが50cmあると
傘がしっかり隠れる

細身の筒型タイプ。ドアの開かないほうに設置。φ20cmくらいだとじゃまにならない。

傘2〜3本なら
【　マグネットタイプ　】

p.170
参照

通行のじゃまにならないようドアの開かないほう（この場合は左）にマグネット式の傘立てをつける。

傘立て
選び

傘は色柄がさまざま。にぎやかな見た目を隠すため、筒型タイプは控えめな単色を選んで。また、隠れる部分が増えるので高さはあるほうがいいです。

change!

50cm
80cm

狭い場所に置くので、サイズは、傘の本数がしまえるギリギリでOK。

2．多いなら筒型を

Q.

靴箱の上に置いた
虫除けスプレーが
生活感たっぷり…。

before

使いやすいので出しておきたいけど、見た目がどうも…。

「整美ワザ」で解決します

整えるのは、玄関に出し置きしているモノ。

1. カバンに入れる

モノにあう高さの、バッグに入れる。
（隠れないと中身が見えて、格好悪い）

A. 小さなバッグや洋書を使ってかわいく収納を！

玄関に置いているスプレーや衣類用ブラシは、バッグや本を使って隠しながらしまいます。人目につく場所だから、取り出しやすく、かわいく、を両立させて。

after

そのまま置かずに隠してしまう

【 好きな本で隠す 】

p.171 参照

【 小さなバッグを使う 】

帆布やカゴバッグなど自立するバックに入れる。モノが8割くらい隠れる高さだときれい。

←横から見た図。
本の裏にいらない箱を置いてモノを入れる。

さらにかわいく

洋書やバッグに小さなアイテムをひとつ足して手前に置くと、かわいさ倍増。

change!

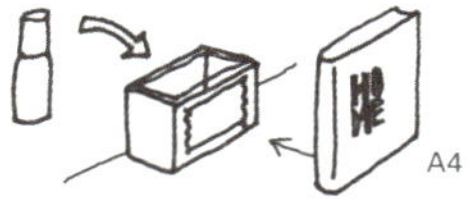

壁に箱をつけ、本をたてかける。
（箱は奥行10〜15cm、本はA4がおすすめ）

2. 本で隠す

Q. 洗面台の下に、しまったモノが取りづらい…。

掃除用品をまとめたのはエライ。あと一歩！

before

こんなモノが入ってます

- 洗濯ハンガー
- 洗濯ピンチ
- 掃除用洗剤
- スポンジ
- 雑巾
- ストックのシャンプー
- タオル

掃除や洗濯グッズを入れたけど、ハンガーなどが重なってて出しづらい。

「詰めワザ」で解決します

1．多いモノを確認

何が多いかでしまい方を判断。

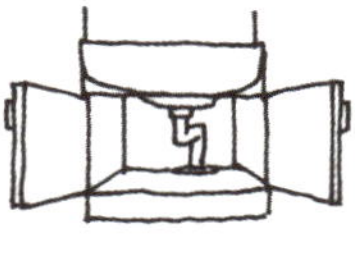

詰めるのは、洗面台の下の収納場所。

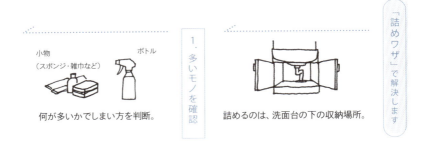

A. 突っ張り棒、投入。上下にしまってスペースを有効利用。

洗面台の下は二段に分けてスペースを有効に使います。排水トラップにぶつからないよう上部は軽めに、下部は大きいモノや重いモノを収納するのがポイント。

after

小物が多いなら

【　突っ張り棒、2本　】

突っ張り棒で
上部を有効利用

ボトルが多いなら

【　突っ張り棒、1本　】

上:突っ張り棒2本にカゴを渡して、小物を収納。
下:重い洗剤やストックのシャンプーなどをしまう。

上:突っ張り棒にスプレーボトルを引っかける。
下:下には重い洗剤や洗濯ハンガーを立てて収納。

モノの
かけ方

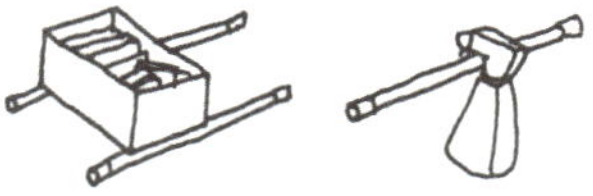

ボトルはノズル部をひっかけ、小物はカゴを渡して棚のように利用。

change!

多いモノにあわせ、突っ張り棒の数を選ぶ。
(ボトルが多い=1本、小物が多い=2本)

2.突っ張り棒、設置

Q. 出して置いてる化粧品やスプレーがバラバラ炸裂！

before

同じ用途でまとめているけど、すごーく、ごちゃごちゃしてる！

「移動ワザ」で解決します

移動するのは、出し置きの化粧品。

1. サイズで分ける

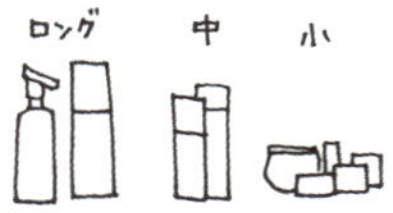

サイズで、「ロング・中・小」に分ける。

A.

中・小・ロング、サイズで棲み分ければ見通しよく取りやすい。

出し置きの化粧品は、用途ではなく3つのサイズで分けます。「ロング」は奥、「中」はロングと離し、「小」を手前に置くと見通しがよく何があるかわかりやすい！

after

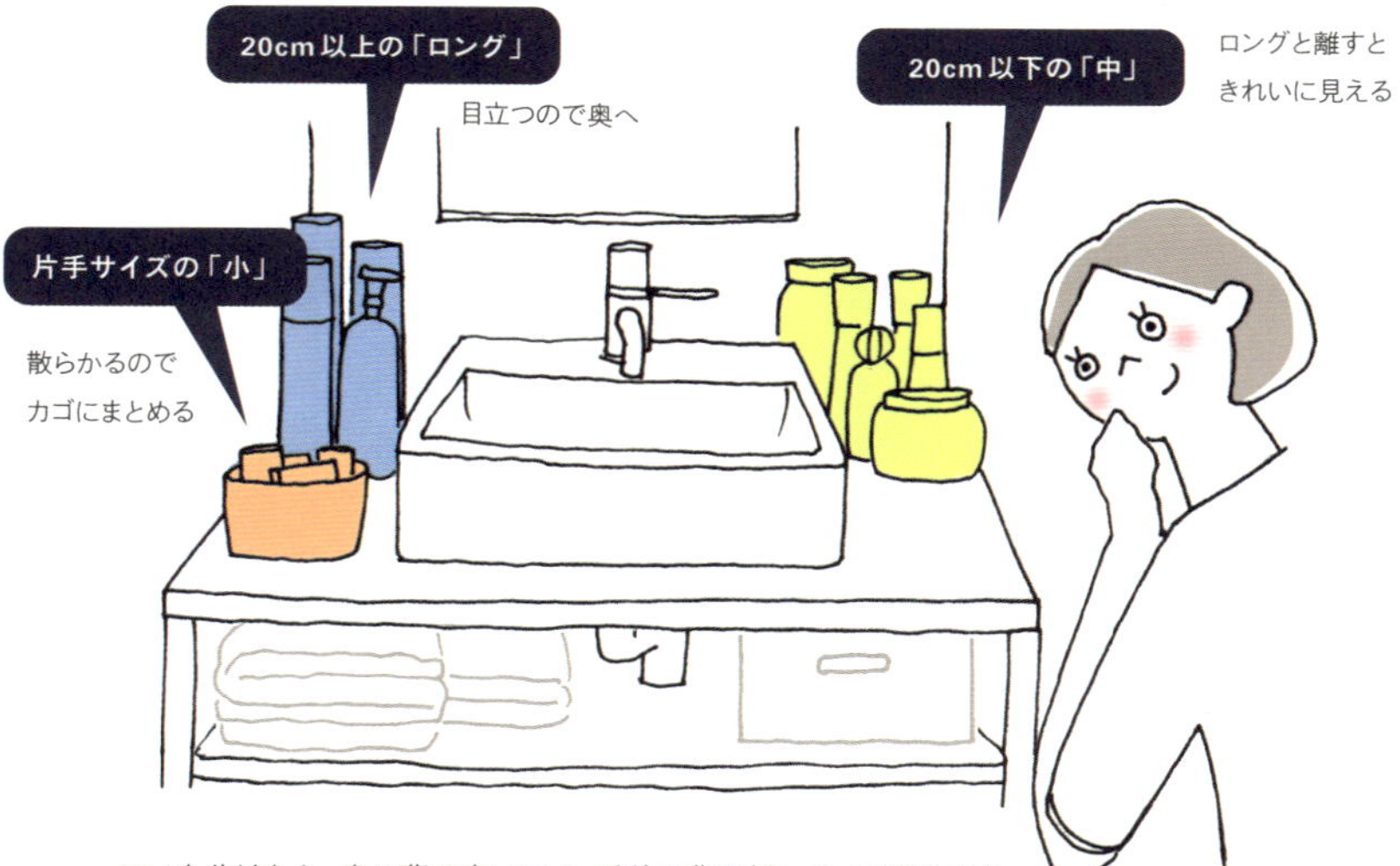
20cm以上の「ロング」
目立つので奥へ
20cm以下の「中」
ロングと離すと
きれいに見える
片手サイズの「小」
散らかるので
カゴにまとめる

モノを分けたら、奥に背の高いモノ、手前に背の低いモノを置きます。
3つのサイズで分けてから、ざっくり用途で分けるといい。

さらに分ける

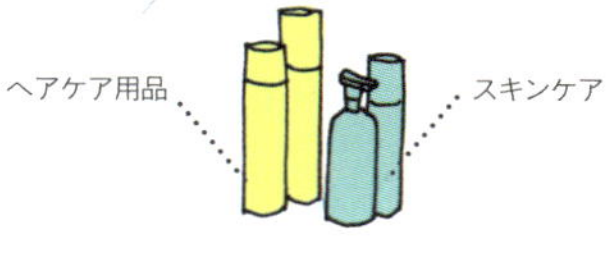
ヘアケア用品
スキンケア

サイズをそろえたら、同じ用途のモノを横並びにする。（この程度でOK）

change!

2. 並び替える

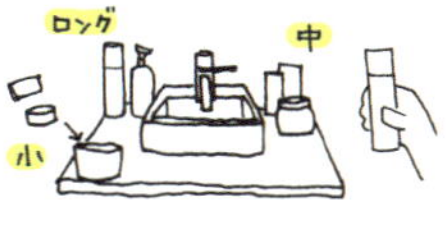
ロング
中
小

「ロング」を奥、「小」を手前に置く。
「中」は「ロング」と離して置く。

Q. 洗面台の横。デッドスペースは何かに使える？

before

今は、浴室の掃除グッズがごろごろしています…。

「詰めワザ」で解決します

詰めるのは、洗面台横のスキマ。

1．スキマを測る

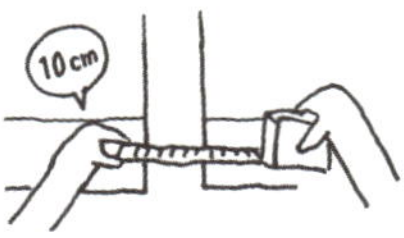

スキマのサイズでしまえるモノが変わる。

A. タオルハンガーやフックを足せば便利に使えます。

床に転がる掃除グッズや鏡の前で散乱するヘアアクセサリーを、スキマを利用してしまいましょう。洗面側にフックやタオルハンガーをつければ手が届きやすいです。

after

10cm未満なら…

【　ヘアアクセサリーを　】

意外と量があってじゃまなヘアアクセサリーをミニトートにひとまとめに。洗面がすっきり。

15cm以上あったら

【　浴室掃除セットを　】

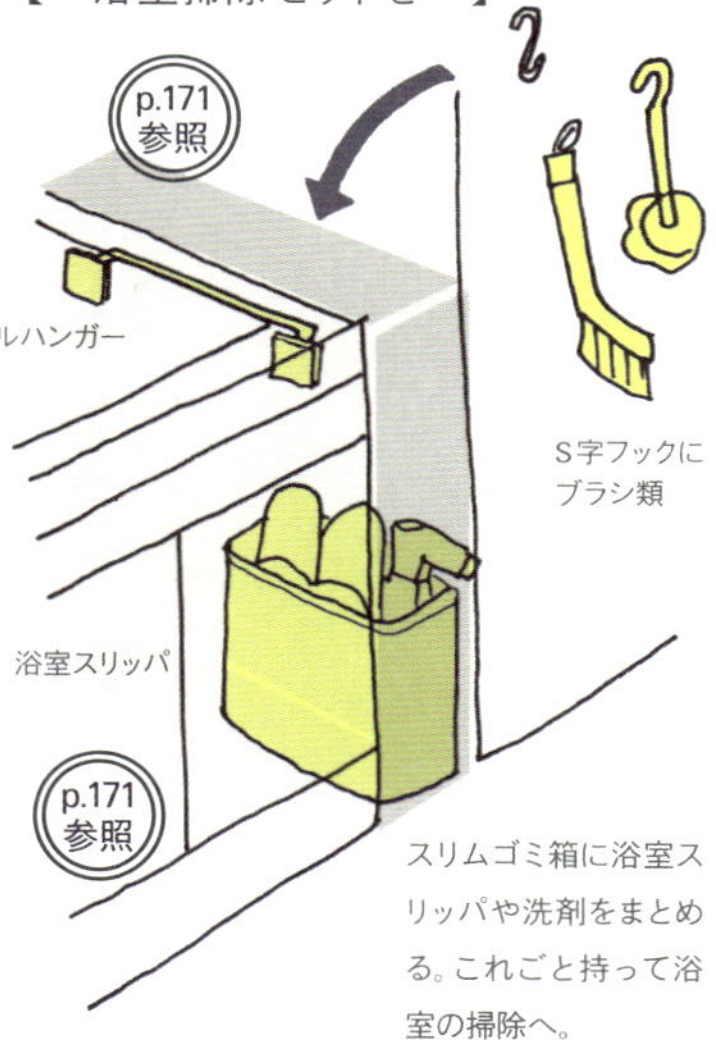

スリムゴミ箱に浴室スリッパや洗剤をまとめる。これごと持って浴室の掃除へ。

奥はあきらめる

奥行きのあるスペースですが、奥まで入れ込むと取り出しづらく、二度と出さなくなります。奥はあきらめて手前だけを使い、日常的に活用するのが賢い！

change!

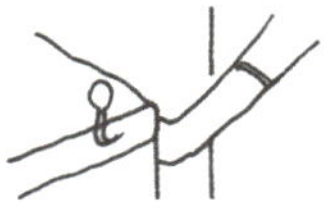

洗面台にフック・ハンガーを貼りつける。またはゴミ箱を設置。

2.グッズを設置

Q. ベランダに土やスコップが散乱。見た目が悪いなぁ。

いつもどうにかしなきゃって考えるのイヤだねぇ

before

ベランダは室内からもっとも近い外の景色。心地よく見えるよう散らかったモノはまとめておきたい。

「増設ワザ」で解決します

1. 植木鉢を用意

高さ25cm以上の植木鉢を用意する。
（シンプルなカタチにするとベランダになじむ）

増設するのは、土やスコップのしまう場所。

A. 高さ25cmの植木鉢をひとつ買い足しましょう。

ベランダには鉢植えの残土や肥料などを出しっぱなしにしがちです。植木鉢なら、植物と並べられるので見た目に違和感なくしまう場所がつくれます。

after

大型の観葉植物などに使う
25cm以上の植木鉢や鉢カバー
だとモノがたっぷり入ります。

これだとラク！

ベランダで使うモノは、カタチも大きさもさまざまなので、ひとつずつ仕分けると場所を取ります。大きな植木鉢にざっくりまとめるのがラクです。

change!

2.まとめて入れる

散らかっているモノをすべて入れる。

Q. けっこう空いてる。ベランダも収納場所に使える？

before

物入に入らないアウトドア用品、
ここにしまえるんじゃないかな。

「増設ワザ」で解決します

1．ベランダを測る

ベランダの幅を測ります。
（マンションでも1mくらいはあります）

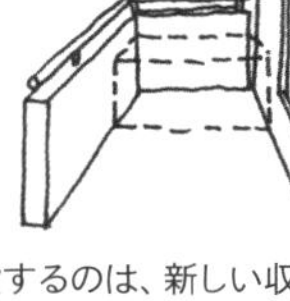

増設するのは、新しい収納場所。

A. 密封できるコンテナを使ってベランダにも収納！

ベランダに収納をつくるなら、カー用品や工具を入れるコンテナを利用するのがおすすめです。ゆるい密封性で水気を避け、収納スペースの大幅確保にもなります。

after
コンテナを増やす
ねっ
こんなモノをしまいます
O
アウトドア用品
プラスチック製品
水
X
衣類・寝具など布ものはダメ
雨が当たりにくいように
壁に寄せて積んでおきます。

2. コンテナを用意

コンテナの選び方

コンテナのサイズはたくさんありますが、どうせなら「大」を買ってしっかり収納量を増やしましょう。アウトドアっぽい色を選ぶと違和感が少ないです。

change!

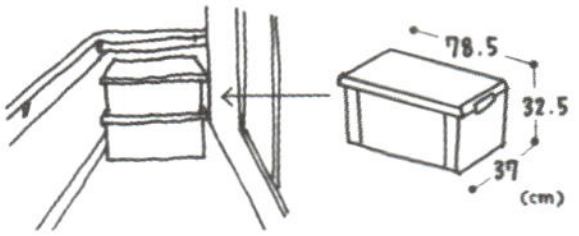
78.5
32.5
37
(cm)

雨が入りにくい位置にコンテナを設置。

5 章その他（玄関・洗面・ベランダ）で登場したアイテム

いずれも狭い場所に使うことが多いので、
コンパクト設計の収納グッズを選びます。

p.153　フラットシューズはファイルボックスハーフに

フラットシューズを立てるボックスは、ファイルボックスのハーフサイズがぴったりです。幅10cm で靴がちょうど 1 足が入り、高さも 13cm あるので倒れません。「無印良品」で不定期に販売。

ファイルボックスハーフ　私物

p.157　シンプルなマグネット式の傘立て

玄関ドアの内側につける、マグネットタイプの傘立て。本数が少ないならこれで充分。シンプルな見た目ながらマグネットは強力で、デザインも前面にR(丸み）がとってあり、雰囲気がいいです。

TOWER マグネットアンブレラスタンド　07642

p.159 本＋いらない箱で、玄関の出し置きをかわいく

玄関に置いたスプレーや雑品をかわいく隠すセットです。本は小さいと中身が隠れないのでA4くらいで、後ろに置いた箱は横から見たときに目立つので奥行きは15cmまで、無地がおすすめです。

ボックス・本ともに私物

p.165 スキマに使うなら、楕円のスリムなゴミ箱

15cm のスキマに入るゴミ箱。そのままゴミ箱として使ってもいいし、洗剤や浴室スリッパ（掃除用）などを入れてもいい。高さが30cmあるので、すっぽり隠れて中身が目立ちません。

カインズ　楕円型ダストボックス　8.5L

p.165 無駄のない、タオルハンガー

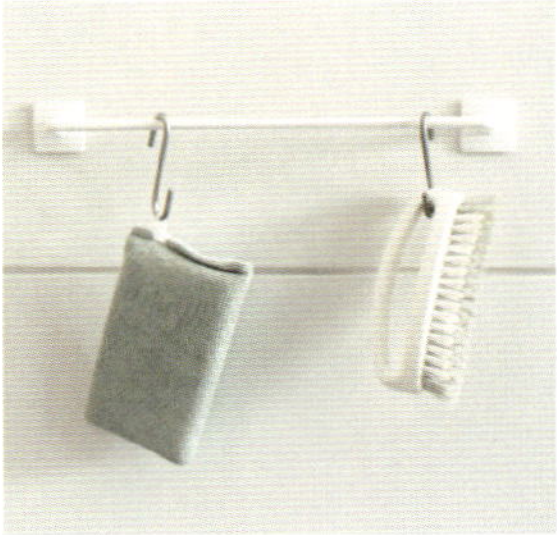

軽量用のスリムな粘着式タオルハンガー。たいていのタオルハンガーはごつめですが、スキマに使うならこれくらい軽快なのが向いています。安価ですが、きれいなディティールに好感がもてます。

LEC タオル掛けスリムハンガー粘着　B-852

おわりに

皆さん、「考えない片づけ」はいかがでしたか。

「ああ、そういうことだったのね」「これならできる、できる」そんなふうに読んで下さっていれば嬉しいです。

何かひとつ片づけると、重々しい扉が開き、明るい光が部屋に差し込んでくるかのようです。それはきっと、できないことにふさいでいた自分自身も気持ちも明るくするに違いありません。

さっぱり片づいた部屋を目の前にしたら、ぜひこう思ってくださいね。「私、苦手なんかじゃなかったわ！」

本書をつくるにあたり、エクスナレッジの齋藤優佳さんには大変お世話になりました。収納かくあるべしとかしこまる私に、「これじゃ皆が簡単にできないですよ」「もっとわかりやすい方法で」と読者目線の軽やかな風穴をいくつもあけてくれました。

最後に、いつも私の創作活動に大きな理解を示し支えてくれる家族と、手に取って読んで下さる皆様にも心から感謝します。

川上　ユキ

川上ユキ　yuki KAWAKAMI

インテリアコーディネーター・プロダクトデザイナー

大阪生まれ。92年 コクヨ株式会社入社、収納家具や児童用机など家庭用家具のデザイン設計・商品開発に携わる。
退社後、インテリアコーディネーター資格を取得。川上ユキデザイン事務所として活動開始。
現在は、住宅関連企業で、家具や住宅などの商品開発、デザインコンサルタントを行う。また、インテリア・収納の講師として、女性誌を中心に、新聞の連載やテレビなどでも活躍。デザイナーとしての実践的な生活提案に定評がある。

主な著書に『カエテミル-インテリアのアイデアBOOK』(大和書房)『独り暮らしをつくる100』(文化出版局)『収め納める』(世界文化社) 他。著書はわかりやすい内容とセンスのよい提案から海外翻訳本も多数に及ぶ。

http://kawakami-yuki.com/

片づけられない人のための

考えない片づけ

2015年11月30日　第一刷発行

著　者　川上ユキ

発行者　澤井聖一

発行所　株式会社エクスナレッジ

〒106-0032　東京都港区六本木7-2-26

問い合せ先

販売　Tel 03-3403-1321／Fax 03-3403-1829

編集　Tel 03-3403-1381／Fax 03-3403-1345

info@xknowledge.co.jp